エリザベス女王

切手に最も愛された96年の軌跡

山田廉一

ハネムーン（成婚70周年記念、2017年発行）原寸の450%

はじめに

本書のタイトルは「エリザベス女王　切手に最も愛された96年の軌跡」である。なぜ、切手に最も愛されたのか、少し説明が必要だろう。

イギリスは１８４０年に、世界で最初に郵便切手を発行した国である。つまりその時点で、イギリス以外で郵便切手を発行している国はなかった。そのため、郵便切手に発行国を示す必要はなかった。それ以来、現在に至るまで、イギリス切手には国名がないままである。その代わり、イギリス切手には君主の肖像が描かれてきた。世界最初の切手には、当時の君主であるヴィクトリア女王の横顔が描かれた。また、１９６６年5月から記念切手には、君主の肖像に代わり、君主のシルエットが描かれるようになった。すなわち、エリザベス女王の70年に亘る在位期間中に発行された全てのイギリス切手には、エリザベス女王の肖像か、シルエットが描かれているのである。

また、エリザベス女王はコモンウェルス（旧英連邦諸国）56ヵ国（２０２２年）の首長でもあり、コモンウェルスからもエリザベス女王を描いた切手が数多く発行されている。エリザベス女王は現時点で、世界で最も切手に描かれた人物であろう。すなわち、エリザベス女王の生涯は最も切手に愛されたものと言える。

エリザベス女王はヨーク公爵の第一子として、１９２６年4月21日に誕生した。ヨーク公爵が１９３７年にジョージ6世として戴冠したことで、エリザベス女王は11歳の若さでイギリスの王位継承者第一位となった。そして、１９５２年に父王が崩御すると、ウィンザー朝第4代女王として即位した。その後、70年に亘り君主としてイギリスに君臨した。生涯を捧げてイギリスの君主の役目を果たしたエリザベス女王を語るのに、切手ほどふさわしいものはない。本書は、切手を通し、エリザベス女王の生涯、96年の軌跡を垣間見ようというものである。

なお、エリザベス女王は、正確には女王エリザベス2世と呼ぶべきである。しかし、日本においてエリザベス女王という呼び方が一般的となっているため、本書でもその呼び方を踏襲することとする。

戴冠50周年記念
（2003年６月２日発行）

目次

はじめに……2
第一章　エリザベス女王の死……7
コラム　チャールズ3世とエドワード7世
偉大なる女王の後継として高齢で即位……20
第二章　軍服姿のリリベット……25
コラム　ジョージ5世
切手を最も愛した国王……34
第三章　プリンセスの恋……39
コラム　フィリップとアルバート
女王の愛した夫たち……50
第四章　新女王のための普通切手……53
コラム　地方切手の発行
北アイルランドなど6地域で発売……63
第五章　戴冠式ドキュメント……67
コラム　ジョージ6世
危機の時代の国王……78

第六章　大英帝国の盟主として …… 81
コラム　ヴィクトリア女王
一番切手の女王 …… 91
第七章　世界一有名な切手の誕生 …… 95
コラム　メイチン・イッシュー
発行枚数は1750億枚超 …… 106
第八章　女王の悩み事 …… 111
コラム　エドワード8世
王冠を賭けた恋 …… 117
第九章　エリザベス女王と日本 …… 119
女王陛下の雑学コラム
パディントン・ベアとの共演 …… 24
切手収集家ジョージ5世とエリザベス女王 …… 38
ヒラリーによるエベレスト初登頂 …… 80
おわりに・参考文献 …… 126

【本書掲載の切手・カバーについて】
特記のないものはイギリス発行／原寸大

エリザベス女王追悼コインカバーの解説付き台紙（2022年11月10日発行）

英国王室系図

※（　）の数字は生没年

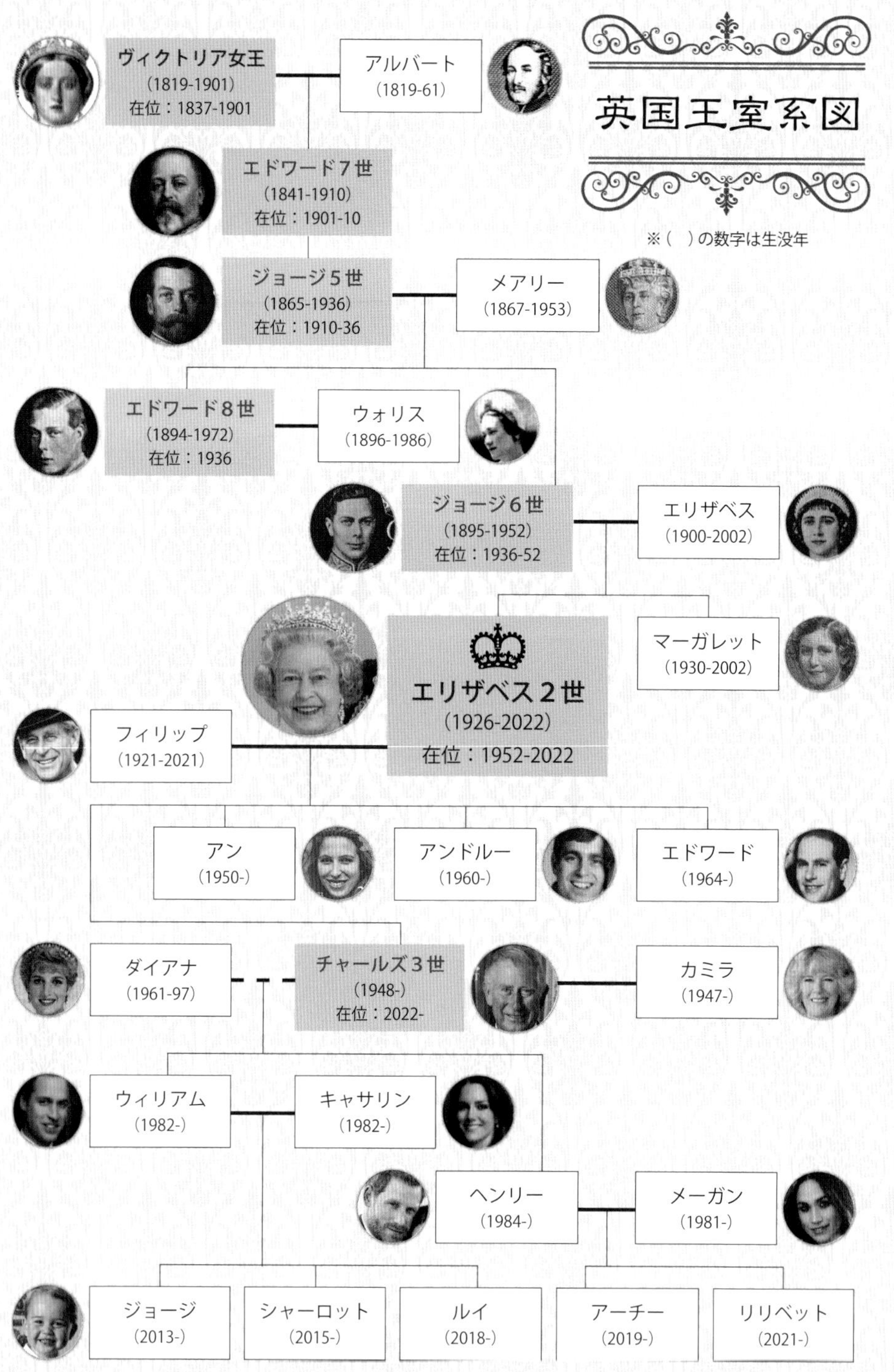

第一章

エリザベス女王の死

THE TIMES

£2.50 £1.70 to subscribers (based on 7 Day Print Pack)

DIEU ET MON DROIT

Friday September 9 2022 | thetimes.co.uk | No 73884

Death of the Queen

Her Majesty passes away aged 96 ● King to be titled Charles III ● World mourns 'cherished sovereign'

The Queen, the longest-[reigning mon]arch this country [has known, ha]s died peacefully at [Balmoral] ...

[Message]s of sympathy arrived [from around t]he world the new King, [known a]s Charles III, led the [tributes to his] "beloved mother" as he [spoke of his] greatest sadness" for his [family].

[He s]poke of his grief and the [profoun]d deep affection" in which [she] was "so widely held".

[His w]ords came soon after [Buckingh]am Palace confirmed that [Elizabeth] II, 96, who served as head [of state f]or more than 70 years, died [peacefull]y yesterday afternoon.

[The King] said in a written statement: "[The d]eath of my beloved Mother, [Her Ma]jesty The Queen, is a moment [of the] greatest sadness for me and all [memb]ers of my family.

"[W]e mourn profoundly the passing [of a c]herished Sovereign and a much-[love]d Mother.

"[I] know her loss will be deeply felt [thro]ughout the country, the Realms [and] the Commonwealth, and by [cou]ntless people around the world.

"During this period of mourning [an]d change, my family and I will be [c]omforted and sustained by our [k]nowledge of the respect and deep [a]ffection in which The Queen was so widely held."

Addressing the nation from Downing Street, Liz Truss announced Charles's new title. The prime minister said: "Today the crown passes, as it has done for more than 1,000 years, to our new monarch, to our new head of state, His Majesty King Charles III."

The palace announcement, which came at 6.30pm, said: "The Queen died peacefully at Balmoral this afternoon.

"The King and The Queen Consort will remain at Balmoral this evening and will return to London tomorrow."

It followed hours of rising concern about the Queen after the Palace said at 12.30pm that doctors were "concerned for Her Majesty's health".

As members of her family, including all four of her children and Prince William, now known as the Duke of Cornwall and Cambridge, started gathering at Balmoral, it became clear that the Queen's life was drawing to a close.

Charles will formally be proclaimed as the new sovereign at St James's Palace tomorrow. He is expected to give a televised address to the nation this evening at 6pm.

The Queen, who acceded to the throne on February 6, 1952, upon the death of her father, George VI, will be given a state funeral at Westminster Abbey, the first state funeral since that of Sir Winston Churchill in 1965.

It will follow a lying in state at Westminster Hall, during which members of the public will have the opportunity to pay their respects. Books of condolence will be opened at St James's Palace, the Queen's Gallery, next to Buckingham Palace, Windsor Castle, Holyroodhouse in Edinburgh, Balmoral and Sandringham.

The Queen's death marks the passing of the only sovereign most people in Britain have known.

She served her country through war, peace, social upheaval and technological revolution, a symbol of continuity and steadfast devotion to duty while the world changed around her.

History will deliver its verdict in the fullness of time but it is hard to conceive of her being remembered as anything other than one of the greatest monarchs in our history, a figure to rank alongside her namesake Elizabeth I and Queen Victoria.

Although her death is the closing of a chapter for these islands, the end of the modern Elizabethan era, it will also be mourned around the world. She was head of state for 14 other nations, from Canada and Australia to the tiny Pacific island of Tuvalu.

She broke records, including becoming the world's oldest reigning monarch, the longest-reigning of her time and the most travelled. In September 2015 she passed Victoria's record for the longest reign this country has known. Yet the numbers do not say how, by her modesty, her self-sacrifice, her commitment and her seriousness of purpose, she became a revered figure around the world.

She was not born to be Queen. As the daughter of the Duke of York, the second son of George V, she was destined for a life of relative royal obscurity until her uncle, Edward VIII, abdicated and her father became George VI.

Elizabeth became Queen before she expected to, after her father died of lung cancer at the age of 56 while she was on tour in Kenya. She was 25 and, although already a mother of two, was young enough to be embraced in those postwar years as a symbol of youth, promise and a brighter future.

Britain underwent vast social change during her reign. But while the Queen seemed a symbol of constancy, her great achievement was to change while appearing to remain the same. The monarch who had carried on working — unquestioning, uncomplaining — long past the age of retirement was recognisably the same woman, with the same values, who on her 21st birthday declared that "my whole life, whether it be long or short, shall be devoted to your service".

But times had changed, and so had she. The Queen who welcomed Camilla into the royal family after the bitterness of the Diana years, who gave her blessing to the James Bond stunt for the opening ceremony of the London Olympics, was a very different creature from the one who waved a white-gloved hand at the crowds on her first great Commonwealth tour.

More recently, when the monarchy had been rocked by the departure of the Duke and Duchess of Sussex and the scandal over the Duke of York, she showed she could still provide leadership, giving a televised address during the coronavirus pandemic. After the death of the Duke of Edinburgh, her husband of 73 years, in April last year she threw herself back into royal duties with an energy and a commitment that belied her age.

Her story is, in a sense, our story. Now she is dead, the mourning begins; a mourning not just about grief, but public reflection, as we consider who we are and what we have become.

Before her funeral at Westminster Abbey in ten days her body will be taken to Westminster Hall to lie in state, so that people may pay their respects. When the Queen Mother died, thousands of mourners waited for up to six hours to see her.

There will be queues.

The portrait of Queen Elizabeth II released by the royal family yesterday with the official announcement of her death

INSIDE TODAY

The Obituary
40-page commemorative supplement

Reports and analysis
Pages 2-35

Comment
Pages 43-47

エリザベス女王の死を伝える「THE TIMES」の紙面
（亡くなられた翌日2022年９月９日の朝刊より）

２０２２年11月10日に発行された、エリザベス女王追悼コインカバー。カバーのカシェは２０１０年ロイヤル・アスコットで競馬を楽しむ女王。原寸の45％

２０２２年9月8日の訃報

ＢＢＣテレビに「News Report BBC」と書かれたモノクロームのタイトルが現れたのは、２０２２年9月8日午後6時半のことだった。同時に、「ＢＢＣは通常放送を中断し、重要なお知らせをお伝えします」とのアナウンスが流れた。

通常、ＢＢＣニュースのタイトル画面は深い真紅だが、その時はいつもとは違うモノクロームの画面が示された。さらには、前日から女王の容体悪化が伝えられていたため、多くのイギリス国民はついにその時が来たと悟ったことだろう。

モノクロームのタイトルからスタジオに画面が切り替わると、キャスターのヒュー・エドワーズは一呼吸を置き、神妙な面持ちで、「バッキンガム宮殿（英王室）は女王陛下エリザベス2世の死去を発表しました」と伝えた。王室発表は、「女王は本日午後、バルモラルで穏やか（peacefully）に亡くなられました」というものだった。

ＢＢＣ報道から遡ること3時間20分、9月8日午後3時10分にエリザベス女王はスコットランドのバルモラル城で、老衰によりその96年の生涯を閉じていた。10789978の番号が記された死亡診断書の職業欄には、女王陛下と書かれた。まさに、「女王」という立場に生涯を捧げた彼女に相応しい記述である。死亡の確認は、英王室が「女王の薬剤師」と呼んだダグラス・グラス医師が行い、死因欄には老衰と書かれた。１９５２年に25歳の若さで英国の君主に就いたエリザベス女王の、70年に亘る在位に幕が閉じられた瞬間である。

在位期間は中世以後の国家元首として最長のフランス王ルイ14世の72年に迫るもので、現存する君主の中で最長の70年7ヵ月だった。イギリスの君主としては過去最長で、2位のヴィクトリア女王の在位期間63年7ヵ月より7年長い在位期間である。

2022年11月10日に発行された、エリザベス女王追悼切手４種。図案は、2002年２月６日に発行された在位50周年記念切手５種のうち、４種を用いている。エリザベス女王の各時代の肖像写真で、著名な写真家によるもの。写真家については本文参照。原寸の80%

2002年２月６日に発行された在位50周年記念切手５種。追悼切手に使用されなかった欧州宛額面〈E〉の撮影者はスノードン卿（1978年）。原寸の40%

追悼切手の発行

イギリス郵政は、女王の死去を悼み、２０２２年11月10日にエリザベス女王の追悼切手4種を発行した。図案は各時代のエリザベス女王の肖像写真で、２００２年2月6日に発行された在位50周年記念切手5種のうち、4種のオマージュである。在位50周年記念切手に使われた肖像写真はモノクロームだったため、これに黒い縁取りをすることで追悼切手の図案とした。

撮影者および撮影時期は、ドロシー・ワイルディング（１９５２年）、セシル・ビートン（１９６８年）、ユーサフ・カーシュ（１９８４年）、ティム・グラハム（１９９６年）である。これらの写真家のうち、ドロシー・ワイルディングは、エリザベス女王即位直後に発行された切手の肖像を撮影したことでも有名で、その時期の普通切手は「ワイルディング・イッシュー」と呼ばれている。「ワイルディング・イッシュー」については、第四章で再度扱う。

Extract of an entry in a REGISTER of DEATHS　DG 10789978

DEATH Registered in the district of Aberdeenshire　District No. 332　Year 2022　Entry No. 819

1. Forename(s) Elizabeth Alexandra Mary　2. Sex F
Surname(s) Windsor
3. Occupation Her Majesty The Queen
4. Date of birth Year 1926 Month 4 Day 21　5. Age 96 years　6. Marital or civil partnership status Widowed
7. When died 2022 September Eighth 1510 hours
8. Where died Balmoral Castle, Ballater, AB35 5TB
9. Usual residence (if different from 8 above) Windsor Castle, Windsor, SL4 1NJ
10. Cause of death I (a) Old Age (b) (c) (d) II
Certifying registered medical practitioner Douglas James Allan Glass
11. Forename(s), surname(s) and occupation of spouse(s) or civil partner(s) His Royal Highness The Prince Philip, Duke of Edinburgh
12. Forename(s), surname(s) and occupation of father/parent Albert Frederick Arthur George Windsor King George VI (deceased)
13. Forename(s), surname(s) and occupation of mother/parent Elizabeth Angela Marguerite Bowes-Lyon (ms) or Windsor Queen Elizabeth The Queen Mother (deceased)
14. Signature of informant, how qualified to give information and address (Signed) Anne (Transcribed)　HRH The Princess Royal, Daughter
Gatcombe Park Minchinhampton Stroud GL6 9AT
15. When registered Year 2022 Month 9 Day 16　16. (Signed) Lynne Driver　Registrar
17.
18.

Extracted from the Register of Deaths on Twentysixth September 2022　Registrar General

エリザベス女王の死亡診断書。職業（occupation）欄には女王陛下（Her Majesty The Queen）、死因欄には老衰（old age）と書かれ、死亡の届け人欄はアン王女となっている。

マルタ共和国が世界に先駆けて発行した、エリザベス女王追悼切手。発行日は国葬が執り行われた2022年９月19日で、小型シートの切手部分のモノクロ写真は、エリザベス王女が新婚時代の３年間をマルタ共和国で過ごした時のものである。原寸の70%

本国以外の追悼発行

エリザベス女王の追悼切手は、コモンウェルス諸国からも発行されている。その先陣を切ったのはマルタ共和国で、エリザベス女王の国葬が執り行われた９月19日に追悼切手を発行した。本家本元のイギリスが追悼切手を発行する２ヵ月近く前のことである。

18世紀末にフランス軍がマルタを占領した際に、フランス軍を撤退させたのはイギリス軍だった。その後、マルタは１９６４年に独立するまでイギリス領で、独立後は英連邦の国となった。このようにイギリスと深い関わりがあるマルタ共和国に、即位する前のエリザベス王女は夫のフィリップ殿下とともに新婚の３年間を過ごした。また、結婚60周年の際にもマルタ共和国を訪れている。このように、エリザベス女王との関係が深いマルタ共和国は、追悼切手の発行をなんとしても国葬のタイミングに間に合わせたかったのだろう。

各国から発行されたエリザベス女王の追悼切手。上がフォークランド諸島（2023年発行）、右がリヒテンシュタイン（2022年発行）。原寸の60%

フランス郵政が発行した、エリザベス女王在位70周年を祝う切手（Pスタンプ）。フランス郵政が発行したエリザベス女王に関する切手としては、初めてのものである。追悼切手ではないが、女王の国葬が行われた９月19日に発行されている。
原寸の50%

また、マルタをイギリスに奪還されたフランスも、エリザベス女王の国葬の日にエリザベス女王に関する切手を発行している。この切手は、エリザベス女王に関する切手としては、フランス郵政が発行した最初のものである。

ただし、これは追悼切手ではなく、在位70周年（プラチナ・ジュビリー）を祝うものであった。また、この切手は、切手フレーム内を自由にデザインできる「Pスタンプ」という形式で発行された。

幼少期（1931年）のリリベット。（生誕80周年記念、2006年発行）

"P'INCESS LILYBET"
She has set the babe fashion for yellow.
(See Foreign News)

アメリカのニュース雑誌「タイム」（1929年4月29日号）の表紙を飾ったプリンセス・リリベット（掲載時は3歳）。
※通常は"Lilibet"の表記だが、「タイム」では"LILYBET"となっている。

愛称はリリベット

さてここで、簡単にエリザベス女王の生涯を振り返ってみたい。

エリザベス女王の父であるヨーク公爵は、今から100年前の1923年、第14代ストラスモア伯爵クロード・ボーズ＝ライアンの四女エリザベスと華燭の典を挙げた。ヨーク公爵とエリザベスの間には、1926年4月21日に女の子が誕生し、エリザベス・アレクサンドラ・メアリと命名された。後のエリザベス女王である。まだ幼かったエリザベス女王が口にする自分の名前がリリベット（Lilibet）と聞こえたことから、エリザベスは家族内でリリベットと呼ばれるようになった。また、ヨーク公爵夫妻には1930年に二人目の女の子が生まれ、マーガレット・ローズと命名された。

リリベットの祖父でありイギリス国王であったジョージ5世は、厳格な人物で家庭内でも近寄りがたい存在だったが、リリベットだけはなついていた。そのジョージ5世が崩御したのはリリベットが9歳の時、1936年だった。

ここに示す黒で縁取られた封書は、イギリス外務省から送られたジョージ5世崩御を知らせる書簡である。貼られている切手は、ジョージ5世の肖像画が描かれた1½ペンス切手である。封筒の裏面には黒の印刷とエンボス（浮き出し）で描かれた楕円形の外務省のエンブレムが施されていて、イギリス外務省の公式訃報用封筒であることがわかる。封筒表には紫色で外務省の印が押され、そこには外務大臣のアンソニー・イーデン「A. Eden」の署名がある。イーデンは、後のエリザベス女王の時代にイギリス首相を務めた人物でもある。中に入っている便箋も黒で縁取られたものであり、管理番号が記された公式文章である。

In any further communication on this subject, please quote
No. T 3328/752/379
and address, *not to any person by name*,
but to—
"The Under-Secretary of State,"
Foreign Office,
London, S.W. 1.

FOREIGN OFFICE
S.W.1.
11th March, 1936.

Madam,

I am directed by Mr. Secretary Eden to inform you that he is desired by Her Majesty Queen Mary to convey to you Her sincere thanks for your kind expression of condolence on the occasion of the deeply lamented death of His Majesty King George V.

I am,
Madam,
Your obedient Servant,

Mrs. K. Lowe,
168 Park Street,
North Attleboro,
Massachusetts,
United States of America.

外務省のエンブレム

エリザベス女王の祖父であったジョージ５世の崩御を知らせる、イギリス外務省（FOREIGN OFFICE）から出された書簡。封筒には、外務大臣のアンソニー・イーデン（Anthony Eden）の署名がある。

ジョージ5世の後継

　ジョージ5世を継いで国王に就いたのは、ヨーク公爵の兄であるエドワード王太子だった。エドワードは即位後、エドワード8世と名乗った。しかしエドワード8世は、英王室の反対を押し切ってアメリカ人女性のウォリス・シンプソンと結婚するため、わずか325日の在位期間で退位した。いわゆる「王冠を賭けた恋」である。この時点で王位継承第一位は、リリベットの父であるヨーク公爵であった。国王ジョージ5世の第2王子として育ったヨーク公爵にとって、想定外の出来事、青天の霹靂だったはずである。十分な準備無くしてヨーク公爵は即位し、ジョージ6世と名乗った。この時リリベットは11歳で、王位継承第一位となった。

王太子時代のエドワードと後に妻となるウォリス・シンプソン。(撮影：ヴィンチェンツォ・ラヴィオーサ／1934年)

　時は流れてリリベットが21歳、誕生日の1947年4月21日に滞在先の南アフリカ・ケープタウンからラジオで、イギリスとコモンウェルスの人々に向かい「私の全人生、それが長いものになろうが短いものになろうが、みなさまへの奉仕に捧げます。」と宣言し、多くのイギリス国民とコモンウェルスの人々から共感を得た。立派な成人となったリリベット(エリザベス王女)を、イギリス国民は君主になるにふさわしい人物だと感じたことだろう。この有名なバースデーメッセージの一節は、前述のエリザベス女王追悼切手初日カバーに付けられた解説台紙にも記されている。

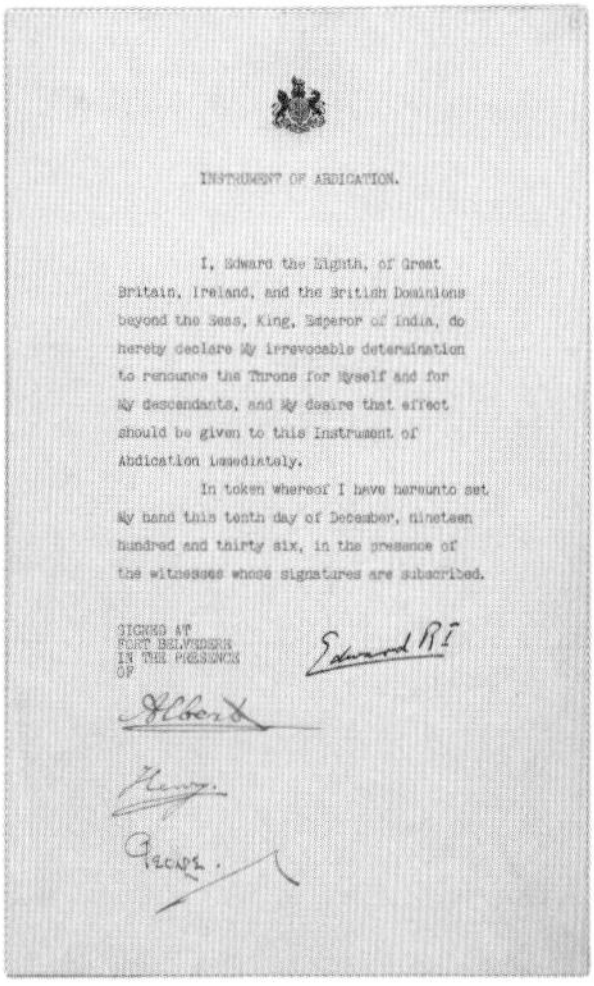

INSTRUMENT OF ABDICATION.

I, Edward the Eighth, of Great Britain, Ireland, and the British Dominions beyond the Seas, King, Emperor of India, do hereby declare My irrevocable determination to renounce the Throne for Myself and for My descendants, and My desire that effect should be given to this Instrument of Abdication immediately.

In token whereof I have hereunto set My hand this tenth day of December, nineteen hundred and thirty six, in the presence of the witnesses whose signatures are subscribed.

SIGNED AT FORT BELVEDERE IN THE PRESENCE OF　　Edward R I

Albert

Henry

George

エドワード8世と3人の弟達のサインが記入された退位文書。The National Archives (United Kingdom)

フィリップとの結婚と女王即位

　このバースデーメッセージを発した南アフリカ連邦の訪問から帰国してすぐの1947年7月9日、イギリス王室はエリザベス王女の婚約を発表した。相手は海軍大尉のフィリップ・マウントバッテンである。エリザベス王女はこの年の11月20日、ウェストミンスター寺院にてフィリップとの結婚式、ロ

ジョージ6世の肖像
（英国君主／ウィンザー家
2012年発行）原寸の150%

IN MEMORIAM

HM QUEEN ELIZABETH II

Her Majesty Queen Elizabeth II (1926–2022)

DIGNIFIED, DEVOTED and with an unstinting sense of duty, Her Majesty Queen Elizabeth II will be remembered with deep admiration and affection by millions throughout the world. The great-great-grandchild of Queen Victoria, Princess Elizabeth Alexandra Mary acceded to the throne as Queen Elizabeth II in 1952 at the age of 25, following the tragic early death of her father, King George VI. Almost five years prior to her accession, she had declared to the people of the United Kingdom and the Commonwealth that "my whole life, whether it be long or short, shall be devoted to your service". In the years that followed, Her Majesty demonstrated unwavering dedication, fulfilling her many duties, both at home and abroad, with the utmost dignity, professionalism and selflessness, and established a strong and stable monarchy for the 21st century.

Number of stamps: four **Design:** Kate Stephens **Acknowledgements:** 2nd class – portrait by Dorothy Wilding © National Portrait Gallery, London; 1st class – portrait by Sir Cecil Beaton, Royal Collection Trust/© His Majesty King Charles III 2022; £1.85 – portrait by Yousuf Karsh © Camera Press London; £2.55 – photograph by Tim Graham © Tim Graham Photo Library via Getty Images **Printer:** Cartor Security Printers **Process:** lithography **Format:** portrait **Size:** 35mm x 37mm **Perforations:** 14.5 x 14 **Number per sheet:** 50 **Phosphor:** all over, except 2nd class – bars as appropriate **Gum:** PVA Stamp designs © Royal Mail Group Ltd 2022 **Cover design concept:** John and Orna Designs **Cover design:** Royal Mail Group Ltd **Words:** Fay Sweet **Acknowledgements:** HM Queen Elizabeth II on her 40th birthday, photograph by Anthony Buckley © Camera Press London Cover design © Royal Mail Group Ltd 2022 Further details about British postage stamps and philatelic facilities may be obtained from: Royal Mail, FREEPOST, Edinburgh EH12 9PE or visit our website: shop.royalmail.com. Royal Mail and the Cruciform are registered Trade Marks of Royal Mail Group Ltd © Royal Mail Group Ltd 2022. All rights reserved.

エリザベス女王追悼切手初日カバーに付けられた解説台紙。即位から遡ること5年の21歳のバースデーメッセージで、「私の全人生、それが長いものになろうが短いものになろうが、みなさまへの奉仕に捧げます。」（"my whole life, whether it be long or short, shall be devote to your service"）と宣言したことが記載されている。

イヤル・ウェディングを迎えた。

エリザベス王女（女王）とフィリップ殿下は4人の子宝に恵まれ、1948年11月に長男チャールズ、1950年8月に長女アン、1960年2月に次男アンドルー、1964年3月には三男エドワードが誕生した。

時代は戻るが、エリザベス王女の父でありイギリス国王であるジョージ6世は、予期せぬ王位継承の重圧と第2次世界大戦という未曾有の事態に直面し、過度のストレスを受けて体調を崩した。このため、エリザベス王女は、第2次世界大戦後、父王の名代として海外を訪問するようになった。エリザベス王女がジョージ6世の名代として英領ケニア植民地を訪問したのは1952年のことであった。このケニア訪問中の1952年2月6日、ジョージ6世は56歳の若さで崩御した。これに伴い、エリザベス王女は王位を継承し、25歳の若さで女王に即位した。

シルバー・ジュビリー（在位25周年記念、1977年発行）原寸の60%

ルビー・ジュビリー（在位40周年記念、1992年発行）原寸の60%

最も長い在位期間

それからのエリザベス女王の人生は、激動する世界の中で変容するイギリスに翻弄されながらも困難を乗り切り、シルバー・ジュビリー（在位25周年、1977年）、ルビー・ジュビリー（在位40周年、1992年）、ゴールデン・ジュビリー（在位50周年、2002年）、ダイヤモンド・ジュビリー（在位60周年、2012年）、サファイヤ・ジュビリー（在位65周年、2017年）を経て、2022年にはプラチナ・ジュビリー（在位70周年）を迎え、イギリスで最も長い在位期間を誇る君主となった。

プラチナ・ジュビリーを祝うため、イギリスでは6月3日（金曜日）を特別休日とし、また通常5月末にある春の休日を6月2日（木曜日）に変更し、土日を含めて4連休とした。連休初日の6月2日にはエリザベス女王のパレードがバッキンガム宮殿から発し、また6月3日にはセントポール大聖堂でエ

ダイヤセンド・ジュビリー（仕位60周年記念、2012年発行）原寸の70%

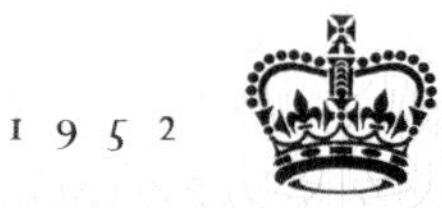

ダイヤモンド・ジュビリー（在位60周年記念、2012年発行）原寸の80%

リザベス女王の治世に感謝する礼拝が大々的に行われるなど、イギリス中が歓喜に沸いた。

プラチナ・ジュビリーの祭典を終えたエリザベス女王は、この年の夏から秋にかけ、いつものようにバルモラル城に滞在していた。このタイミングでイギリスの政治は動き、ボリス・ジョンソン首相は与党・保守党党首を辞任した。その後を継いだのはリズ・トラス氏で、リズ・トラス氏の首相への任命は、9月6日午後にエリザベス女王が滞在するバルモラル城で行われた。片手に杖をついてはいたが、笑顔でリズ・トラス氏と握手するエリザベス女王は健康そうに見えた。

サファイヤ・ジュビリー（在位65周年記念、2017年発行）

プラチナ・ジュビリー（在位70周年記念、2022年発行）原寸の70%

It was so very kind of you to send me such a wonderfully generous message following the death of my beloved mother. Your most thoughtful words are enormously comforting, and I cannot tell you how deeply they are appreciated at this time of immense sorrow.

Charles R

女王の死とチャールズの即位

ところが新首相任命後すぐにエリザベス女王の体調は崩れ、任命の2日後である9月8日に帰らぬ人となった。前年に99歳で亡くなられた最愛の夫フィリップ殿下の元に旅立っていったのである。96年の激動の人生を駆け抜け、70年7ヵ月に亘りイギリス国民とコモンウェルスの人々に尽くした人生に幕が下ろされたのである。

エリザベス女王の死去に伴い、長男のチャールズ王太子は国王チャールズ3世となり、その長男であるウィリアム王子は王太子となった。エリザベス女王は9月14日から19日までウェストミンスターホールで安置され、この間に25万人が参列をして弔意を示したと言われている。エリザベス女王の国葬は、9月19日にウェストミンスター寺院で執り行われ、この日にウィンザー城のセントジョージ礼拝堂で埋葬式が行われた。

チャールズ国王が、各国から寄せられた弔意に対する返礼として送ったカード。 カードのメッセージには、「女王」という言葉は使われず、代わりに「最愛の母」(my beloved mother) と記されている。

チャールズ国王は各国から寄せられた弔意に対し、若かりし日の母エリザベスと幼少の自身が写った写真でカードを作り、弔意への返礼として送った。そのカードには、以下のようなメッセージが書かれている。

……最愛の母の死に寄せて寛大な言葉をいただき、貴殿の優しさに感謝をしています。貴殿の大変思慮深い言葉は私にとって大いなる慰めとなり、計り知れない悲しみの中にある私は、言葉では言い尽くせぬほど深い感謝の気持ちに満たされています。

このように、チャールズ国王のメッセージには「女王」という言葉は使われず、「最愛の母」という表現が使われている。女王の務めを終えたエリザベス女王は、チャールズ国王の中でイギリスの君主から最愛の母に戻ったのだろう。幼少期の写真は、優しかった母の思い出の象徴なのだろう。

チャールズ３世時代の普通切手

チャールズ３世時代初の普通切手５種。2023年４月４日発行。

コラム

偉大なる女王の後継として高齢で即位

チャールズ3世［1948〜］とエドワード7世［1841〜1910］

偉大なる母女王の重圧

偉大なる母、エリザベス女王が崩御した2022年9月8日、チャールズ王太子はイギリス国王に即位し、チャールズ3世となった。戴冠式は翌2023年5月6日に執り行われた。

エリザベス女王の在位が長期に亘ったためチャールズ3世は73歳で即位し、即位した年齢は、それまでの最高齢即位であったウィリアム4世の64歳を大きく上回った。高齢での即位が話題となる一方で、長期に亘り君臨した偉大な女王の後をどのように努めるかが、目下のところイギリス国民の大きな関心事だろう。また、エリザベス女王の功績が、チャールズ3世自身にとって大きな重圧となっていることでもあろう。

このようなチャールズ3世と同様の境遇にあったのが、1901年に即位したエドワード7世であった。エドワード7世の母は、エリザベス女王に次ぐ在位期間63年を誇るヴィクトリア女王。偉大なる母、ヴィクトリア女王を継いだエドワード7世は、チャールズ3世同様に大きな重圧を感じたであろう。その運命に、チャールズ3世との重なりを感じるのは筆者だけではないはずだ。

ただ、優しい母の愛情の中で育てられたチャールズに対し、厳しい母を畏れながら育ったバーティ＊のふたりにとって、母に対する感情は対照的だったかもしれない。

＊エドワード７世の幼少期からの愛称

シルエットの変遷
エリザベス女王から チャールズ国王へ

最後のエリザベス女王シルエット入り記念切手「フライング・スコッツマン」。2023年３月９日発行。ロンドン・エジンバラ間を疾走した、世界で最も有名な蒸気機関車「フライング・スコッツマン」の誕生100年を記念。

ROSE　DAHLIA

最初のチャールズ３世シルエット入り特殊切手「花」。２０２３年３月14日発行。イギリスのポピュラーな園芸花。

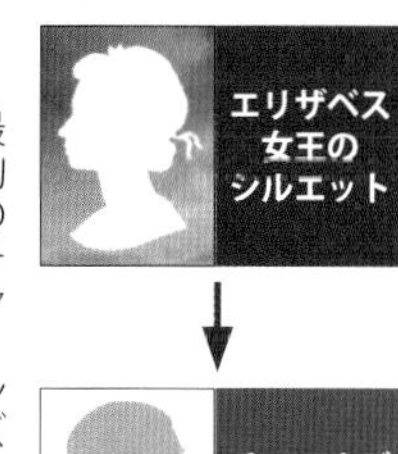

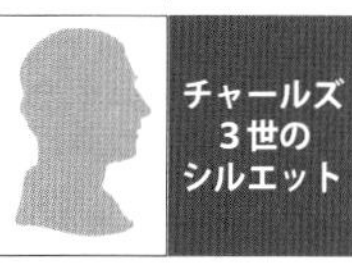

切手に見るチャールズ３世とエドワード７世の類似

前述の通り、偉大な女王の後を継いだ国王という点において、チャールズ３世とエドワード７世の境遇はよく似ている。これに加えて、この2国王時代の切手にも、母女王の影響が色濃く残る共通点があると言えば、切手ファンならずとも興味を持つだろう。

「はじめに」で述べたように、１８４０年に世界で最初に切手を発行したイギリスでは、世界初の切手の図案にヴィクトリア女王の肖像を使った。それ以来、イギリスの普通切手の図案には君主の肖像が使われてきた。この慣習はチャールズ新国王の時代にも引き継がれた。チャールズ3世の肖像が描かれた最初の普通切手は、２０２３年4月4日に発行されている。

最後のエリザベス女王普通切手と最初のチャールズ３世普通切手の混貼カバー。原寸の30%

このチャールズ3世の肖像が描かれた最初の普通切手だが、実は2022年2月1日に発行されたエリザベス女王の肖像が描かれた普通切手をベースにデザインされ、肖像をチャールズ3世に入れ替えたものとなっている。新切手ではチャールズ3世の肖像がレリーフ調に描かれているが、この点も、エリザベス女王の切手に使われた手法を使ったものである。

チャールズ３世の新切

エドワード7世時代の普通切手

エドワード7世時代の普通切手の低中額面。1902～1910年発行。死去2日前、1910年5月6日に発行された7ペンス切手は、その刷色（灰黒）もあり、「大喪切手」と名付けられた。

手が出る120年余り前、1902年から1910年にかけて、国王に即位したエドワード7世時代の普通切手が17額面19種類発行された。これらは、多くが前女王であるヴィクトリア女王の時代に発行された切手の図案を使ったもので、新たにデザインされたのは、½ペニー、1ペニー、2½ペンス、6ペンス、7ペンスの5種のみであった（7ペンスは新額面）。元となるヴィクトリア女王時代の切手は、女王在位50年の1887年から1900年にかけて発行された普通切手である「ジュビリー・イッシュー」と、それ以前からあった高額切手である（左ジペー）。エドワード7世の時代の切手の図案は、ヴィクトリア時代に切手製造を担当していたデ・ラ・ルー社が主導したため、自社が考案した図案を踏襲したのであろう。当時のイギリス郵政は、ヴィクトリア女王崩御の2年前である1899年に、デ・ラ・ルー社と10年間の切手製造契約を結んでいた。

このように、チャールズ3世とエドワード7世の時代の切手には、共通して母女王時代の切手の影響が色濃く出ている点は興味深い。あたかも、偉大な女王の後継となったふたりの国王の、共通の境遇を示しているかのように…。

ヴィクトリア女王　ジュビリー・イッシュー

ヴィクトリア女王在位50年に際して発行された普通切手。ジュビリー・イッシューと名付けられている。½ペニー緑（1900年発行）、4½ペンス（1892年）、10ペンス（1890年）、１シリング緑・赤（1900年）以外は、すべて在位50年に当たる1887年１月１日に発行された。

高額切手の比較（原寸の75%）

エドワード７世時代の高額切手、いずれも1902年発行。

ヴィクトリア女王時代の高額切手、1883～84年発行。

女王陛下の雑学コラム

パディントン・ベアとの共演

プラチナジュビリーウィーク BBC主催のコンサートで、パディントンと共演するエリザベス女王（2022年6月4日）。
写真提供：PA Images／アフロ
右：大好物のマーマレードを持つパディントン。（2006年発行）

プラチナ・ジュビリー祝賀コンサートで公開されたビデオは、エリザベス女王の茶目っ気を感じさせるものであった。ビデオは厳かな楽曲が流れる中、侍従がティーセットを運ぶシーンから始まる。ティールームで待ち受けるのは、エリザベス女王と、赤い帽子を被ったパディントン・ベア！　パディントンは、最初こそは「お招きいただきありがとうございます」と丁寧な挨拶をするも、その後はティーポットから直接お茶を飲んだり、ケーキを潰してしまったりとお行儀の悪さを露呈する。侍従は咳払いでパディントンを諌めるが、エリザベス女王は「気にしなくていいのよ」と全く動じない。ケーキを潰してしまったパディントンは「こんな時のためにいつも持ってるんだ」と言いながら、赤い帽子からマーマレード・サンドイッチを出すと、女王も「わたしも持っているわ」とハンドバッグからマーマレード・サンドイッチを取り出す。女王のハンドバッグの中は常にイギリス人の関心事で、2007年に刊行された『What's in the Queen's Handbag and other Royal Secrets』という本のタイトルにもなっている。

パディントンは、エリザベス女王が亡くなった翌日に公式ツイッター（現X）で、「女王陛下、これまでありがとう」（Thank you Ma'am, for everything.）と投稿し、追悼の意を表している。

第二章

軍服姿のリリベット

近衛歩兵連隊長姿のリリベット
（絵葉書）

⚜軍靴の時代に向かって

ジョージ6世戴冠式での家族写真（絵葉書）

ジョージ６世戴冠式記念
（1937年５月13日発行）

ジョージ6世が即位し、そして、リリベットがイギリス王位継承第一位になったのは１９３６年12月11日のことだった。時は第１次世界大戦の戦勝国により作られた国際体制のほころびが顕在化しつつあり、世界中に軍靴の音が聞こえつつある時期だった。

第１次世界大戦の反省から、１９２０年の国際連盟設立を皮切りに、１９２５年には集団安全保障などを謳ったロカルノ条

1940年９月７日、ロンドン大空襲。テムズ川沿いから、空襲後のロンドン埠頭に立ち上る煙を見る。

「第２次世界大戦中のイギリス」より、左からランド・ガールズ（出征男性の代わりに農業に従事する女性）、国防市民軍兵、疎開する子供たち。2010年発行。

約、１９２８年にはパリ不戦条約が結ばれ、平和を維持する国際体制が形式上は出来つつあった。一方で、戦後処理の失敗、１９２９年のアメリカでの株価暴落に端を発する世界恐慌、それに続くブロック経済化が進み、不安定な世界経済を背景に社会主義が広まりつつあった。この社会主義に対抗する形で、イタリアやドイツではファシズムが台頭した。

　このような中、１９３９年９月１日にドイツとスロバキア共和国がポーランドへ侵攻した。９月３日にはイギリス、フランスがドイツに宣戦布告し、世界中を連合国と枢軸国に二分した第２次世界大戦の火蓋が切って落とされた。１９４０年代にはイギリス本土がドイツ空軍の空襲を受け、多くの子供がロンドンから疎開した。

BBCラジオ「子供の時間」放送中のリリベットとマーガレット・ローズ。「第２次世界大戦中のイギリス」12種のうちの１種。2010年発行。原寸の200%

リリベットとマーガレット・ローズが、BBCラジオ「子供の時間」に登場した前年の1939年にカナダ で発行された切手。

子供たちに向けた共感のメッセージ

「ＢＢＣホームサービスです。世界中の子供のみなさん、こんにちは。今日の『子供の時間』は、これまでの放送の中でも最も大切な回となるでしょう。エリザベス王女殿下に出演いただき、メッセージを、イギリス国内、そして海外にもお伝えします。」

第２次世界大戦の開戦から１年余り経った１９４０年10月13日、14歳のリリベットは妹のマーガレット・ローズ（10歳）とともに、ＢＢＣラジオの『子供の時間』に出演した。キャスターの紹介に続いて、あどけなさが残るリリベットの声がラジオから流れた。

「世界中の子供のみなさん、こんばんは。多くの皆さんが、故郷を離れ、お父さんやお母さんと離れて暮らさねばならなくなっています。妹のマーガレット・ローズとわたしは、いつもみなさんのことを考えています。わたしたちは、何よりも愛する人たちから離れることの辛さを知っています。まだ家族と共にいるすべての子供を代表して、あなたとあなたを受け入れてくれた人たちの愛と幸運を祈ります。」

リリベットは、戦時下で親と離れて暮らすことを余儀なくされている子供たちに共感のメッセージを送った。そして、戦争が終わった後に思いを馳せ、

「明日の世界をより良く、より幸せにするのは、わたしたち、今の子供たちであることを忘れないでください。」と括った。

「今、マーガレットはわたしの隣にいます。マーガレット、みなさんに挨拶をしましょう。」

「おやすみなさい、みなさん。」

マーガレットの挨拶につづき、リリベットもつづいた。

「おやすみなさい、みなさん。みなさんの幸せを願っています。」

BBCラジオを通じて、国民に「クリスマス・メッセージ」を発するジョージ5世。写真は1934年のクリスマス。

イギリス王室が国民へのメッセージにラジオを使い始めたのは、1932年のクリスマスのことだった。リリベットの祖父であるジョージ5世が、BBCラジオを通じて『クリスマス・メッセージ』を国民に発したのが最初である。その5年後、リリベットはBBCラジオの『子供の時間』で、戦時下で苦しむ世界中の子供たちにメッセージを送ったのである。

チャーチル首相の私設秘書官ジョン・コルヴィル（2年後の1947年に、エリザベス王女の秘書官となる）は、「エリザベス王女が女王になれば、ラジオの時代の女王として大成功をするに違いない。」と当時の日記に記した。

リリベット、マーガレット・ローズには、彼女らを数日置きに訪ねては一緒に時を過ごした年上の親友アラテア（当時17歳）がいた。この日アラテアは日記に、「リリベットがラジオで話すのを聞く。とてもお上手で、私の思いは彼女のもとに飛んでいった。」と記した。同世代からも共感を得る内容であったことが窺い知れる。

1940年10月にイギリス王室の一員としてBBCラジオで子供たちにメッセージを伝えたころから、リリベットは次期王位継承者としての公務に携わるようになった。この時期、世界は第2次世界対戦中であり、イギリスも連合国の一員として戦時下にあった。リリベットの公務も、自ずと軍に関わるものが多かった。

仲の良い姉妹、リリベットとマーガレット・ローズ。愛犬のコーギーと一緒に。（絵葉書）

エリザベス女王はペットの中でも特にコーギーを愛し、在位中に飼ったコーギーは30匹以上にのぼると言われている。

リリベット、君主の公務を代行する

1942年4月、リリベットはイギリス近衛歩兵第一連隊の名誉連隊長に任命された。直後の4月21日、ウィンザー城では近衛歩兵によりリリベット16歳の誕生日を祝うパレードが開催され、リリベットは、国王ジョージ6世、王妃エリザベス、王女マーガレット・ローズと共に参加した。

横一列に並んだ近衛兵の前をリリベットがゆっくりと歩くと、近衛兵はサッと右手を挙げて敬礼をし、それに対してリリベットは右手を差し出して握手で返した。近衛兵に埋め尽くされたウィンザー城の様子は、1942年に配給されたゴーモン・ブリティッシュ・ニューズに記録されている。

翌1943年、リリベットは自らが名誉連隊長を務める近衛歩兵第一連隊を単独で閲兵した。前年に行われた誕生パレードと同様に、横一列に並ぶ近衛兵の前を歩くリリベットに対しひとりひとりの近衛兵が敬礼をし、リリベットは握手で敬礼に応えた。リリベットにとって、初めての単独公務であった。

その翌年、18歳の誕生日を迎えると、リリベットは5人の国事行為臨時代行(counsellor of state)の1人に任じられた。国事行為臨時代行とは、君主が公務を執行できない場合や、国外に出ている際に君主の公務の一部を代行するというものである。

5人の国事行為臨時代行は、君主の配偶者と、王位継承者のうち21歳以上か次期王位継承者と思される18歳以上の上位4人である(1937年に制定されたリージェンシー法)。実際にリリベットが国事行為臨時代行となった期間の例としては、1944年に国王ジョージ6世が遠征部隊の慰問のため、イタリアを訪問した例がある。

公務に就いた頃のリリベット
(撮影：ユーサフ・カーシュ／1943年)

1942年当時のリリベット(写真中央)
(生誕60周年記念、1986年発行)

補助地方義勇軍の女性将校たちとともに、記念撮影に応じるリリベット（1945年）。
※中央矢印がリリベット。

リリベットは、エリザベス・ウィンザー准大尉の名で、実際に軍用車両の整備や弾薬管理、軍用トラックの運転なども行った（1945年）。

軍服姿のリリベット

さらに第2次世界大戦が激化し、イギリス本土にもドイツ軍の手が伸び始めた。1945年2月、リリベットはイギリス陸軍が組織する婦人部隊「補助地方義勇軍」に入隊し、名誉第二准大尉に就任した。

リリベット以前の女性王族は、軍において肩書きが与えられても、名誉職ということで実を伴わないことが通例であった。しかし、枢軸国がイギリス本土に迫る中、リリベットは慣習を打ち破り、通常の軍事訓練を受けて軍隊に従事した。運転手とメカニックの訓練を受け、実際に軍事従事して5ヵ月を経た後、リリベットは大佐（captain）相当の名誉司令官となった。

このような中、戦況は連合国側優勢に傾き始めていた。1945年5月7日には、ドイツ国防軍と政府は連合国に無条件降伏をすることを決め、翌5月8日に無条件降伏をした。ヨーロッパ戦勝日（VE Day）である。

切手に見る「軍服姿のリリベット」。
2021年、海外領土や英連邦構成国から発行されたエリザベス女王生誕90年オムニバス切手より、イギリス領バージン諸島、サウスジョージア、ジブラルタルで発行された3種。

ヨーロッパ戦勝日（VE Day）の1945年５月８日、バッキンガム宮殿バルコニーで
国民に手を振るジョージ６世一家。チャーチルが到着する前の様子。（絵葉書）

ヨーロッパ戦勝日の光景

５月８日、バッキンガム宮殿のバルコニーにはジョージ６世一家４人が揃い、20万人以上が集まったと言われる群衆に手を振り、戦時中の国民の努力に報いた。その後、勝利の立役者であるチャーチル首相も加わり、首相を中心に、その両脇には国王夫妻が、さらにその両脇にはリリベットとマーガレット・ローズが並び、群衆に手を振り勝利を祝った。

この時の服装は、チャーチル首相がダークスーツに黒のボータイ（蝶ネクタイ）、エリザベス王妃とマーガレット王女はミストブルーのスーツだったのに対し、ジョージ６世とリリベットは軍服だった。特に、リリベットはカーキ色の軍服に身を包まれた出でたちで、現役の軍人として戦ったことを国民が改めて理解した瞬間でもあっただろう。

後にエリザベス女王は、この日マーガレット・ローズと共に、お忍びでロンドンの街頭に出て、勝利に酔う群衆と共に勝利を祝ったと語っている。両親に、外出して自分たちの目で街の様子を見たいと頼んでの決行だった。

その時の様子を、群衆に気づかれることを恐れながら街を歩いたと振り返っている。リリベットとマーガレット・ローズが目にしたのは、見知らぬ人々が腕を組み合って列をつくりながら練り歩く光景で、人々は幸せと安堵に酔いしれていた。

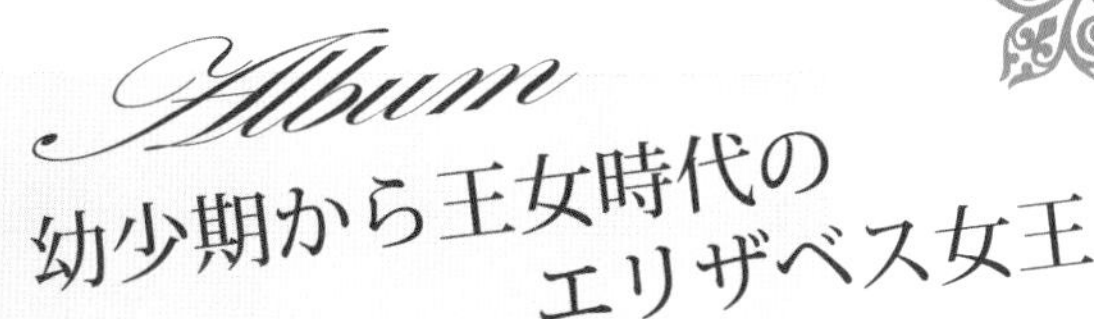

幼少期から王女時代のエリザベス女王

リリベットとマーガレット・ローズ（絵葉書）

2歳のリリベット（追悼コインカバーの解説台紙より）

リリベット（4歳頃）とジョージ6世（生誕90周年記念、2016年発行）

王女時代（1940年）のリリベット（生誕80周年記念、2006年発行）

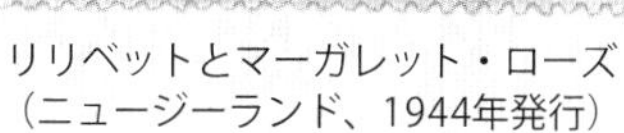

リリベットとマーガレット・ローズ（ニュージーランド、1944年発行）

切手に見る「少女時代のリリベット」。
2021年、海外領土や英連邦構成国から発行されたエリザベス女王生誕90年オムニバス切手より、フォークランド諸島、アセンション島、ガンジーで発行された3種。

ジョージ５世時代の普通切手

ダウニー・ヘッド・イッシュー

第２版

第１版

ジョージ５世最初の普通切手"ダウニー・ヘッド・イッシュー"。1911年６月22日発行。イギリスで初めてスリー・クォーター（斜め前）の肖像が描かれた。この２額面が発行された後、横顔の肖像を採用したプロファイル・ヘッド・イッシュー（左㌻）に図案変更された。

第１版と第２版の比較：第１版はライオンのシワが大英帝国の落日を暗示すると悪評を招いたため、王のヒゲを整え、ライオンを太らせた第２版が急遽製造された。

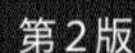

第２版

第１版

原寸の150％

切手を最も愛した国王

ジョージ5世［1865〜1936］

国王の切手への強い思い入れ

リリベットの祖父であるジョージ5世は厳格な性格で、かつ、質実剛健な人物であった。そのような人物なので趣味など持たないと思われるかもしれないが、実は切手収集に熱心だった。エリザベス女王が「切手に最も愛された女王」であるならば、ジョージ5世は「切手を最も愛した国王」と呼べるだろう。

そんなジョージ5世は切手収集家だったので、自分の時代の切手に並々ならぬ思い入れがあったであろうことは想像に難くない。「はじめに」で書いたように、1840年に世界初の郵便切手を発行したイギリスでは、歴代、君主の肖像を切手の図案としてきた。ジョージ5世もこの慣習に倣ったが、それまでとは違った特徴ある肖像を目指したのだろう。ヴィクトリア、エドワード7世時代には、いずれも左向きの横顔肖像（プロファイル）を切手図案に用いたが、ジョージ5世はやや斜め前からの肖像（スリー・クォーター）を採用した。

この肖像の元となったのは、王室の公式写真家であるW．＆D．ダウニーが撮影したものである。このため、この切手はダウニー・ヘッド・イッシューと呼ばれる。

プロファイル・ヘッド・イッシュー

ダウニー・ヘッド・イッシューに続いて発行されたプロファイル・ヘッド・イッシュー14額面15種。1912年から1922年にかけて発行された。

しかし、ジョージ5世はスリー・クォーター肖像が切手に馴染まぬと思い直したのか、½ペニーと1ペニーの2額面が発行された後に図案は変更された。新たな図案は横顔肖像で、この切手はプロファイル・ヘッド・イッシューと呼ばれる。1912年から22年にかけて½ペニーから1シリングまでの低中14額面、15種が発行された。

凹版印刷の傑作シーホース

一方で、ジョージ5世の切手に対するこだわりは、低中額切手以上に高額切手にあったのかもしれない。ヴィクトリア時代、エドワード7世時代の高額切手4種は第一章のコラムで紹介した通り、低中額面切手よりは大型ではあるものの、高額切手ならではの特別な図案が使われたわけではなかった。また、印刷も低中額面切手と同じ凸版印刷だった。

これに対し、ジョージ5世は、精緻な表現に適した凹版印刷を使い、イギリスの象徴である女神ブリタニアが3頭の神獣シーホースを駆ける姿を精緻に描いた斬新な図案の高額切手、シーホースを発行した（次ページ）。シーホースは、ヴィクトリアやエドワード7世の時代の高額切手と同じ額面と色で発行されたが、ヴィクトリアやエドワード7世の時と違い図案が統一され、その出来も一線を画すものであった。イギリス切手の中でも傑出した出来と言われ、その中でも最高額面の緑1ポンド切手は、多くの切手収集家から最高傑作だと評されている。

シーホース高額切手

イギリス切手の中で最高傑作と評されている、高額シーホースの緑1ポンド切手。1913年8月1日発行。

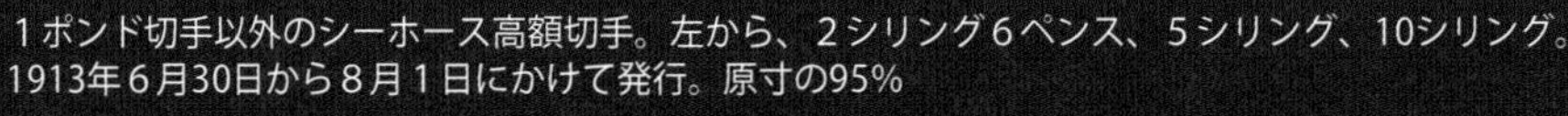

1ポンド切手以外のシーホース高額切手。左から、2シリング6ペンス、5シリング、10シリング。1913年6月30日から8月1日にかけて発行。原寸の95%

イギリス初の記念切手発行

また、ジョージ5世の時代には、イギリス初の記念切手が発行されている。1924年に開催された大英帝国博覧会にちなんだ記念切手の発行が提案されると、ジョージ5世は、即座にデザイン検討委員会を組織した。この委員会は、郵政庁事務局長、美術館関係者、美術学校関係者、バッキンガム宮殿関係者で組織され、8名のアーティストにデザインの依頼がなされた。

ジョージ5世は、ハロルド・ネルソンの描いた「ライオン」のデザインと、「聖ジョージとドラゴン」のデザインが気に入り、「ライオン」を大英帝国博覧会記念切手の図案に採用した。大英帝国博覧会は翌1925年にも開催され、この時も年号だけ変えた同図案の記念切手が発行されている。

また、「聖ジョージとドラゴン」は、1929年に発行された万国郵便連合ロンドン会議の記念切手4種のうちの高額1ポンド切手のデザインとして採用された。この1ポンド切手は、シーホース同様に凹版で印刷され、この切手もまた、イギリス切手の中で傑出した出来だと評価されている。ジョージ5世の時代には、これら3回に加えて、1935年の在位25年記念切手（84ページ参照）の、計4回の記念切手が発行された。

イギリス初のグラビア印刷切手

イギリスで初めてグラビア印刷で製造された切手。1934年から36年にかけて発行された。最後の２額面、10ペンスと１シリングの発行は1936年２月24日で、ジョージ５世の崩御後であった。

グラビア印刷（左）と凸版印刷（右）の比較。原寸の150%

切手にグラビア印刷を導入

ジョージ5世の切手に対する思い入れは、新たな印刷技術にも向かった。プロファイル・ヘッド・イッシューは旧来の凸版印刷で製造されていたが、これを１９３４年にグラビア印刷に変更した。このグラビア印刷切手は同年8月20日発行の1½ペンスを皮切りに順次発行され、１９３６年2月24日に10ペンスと1シリングが発行され全額面が揃った。

しかし、ジョージ5世は、最後の2額面の発行を待たずして、１９３６年1月20日に、国王の別邸であるサンドリンガム・ハウスで崩御した。グラビア印刷切手全額面の完成を見届けたいと、どれだけ思ったことだろうか。切手を最も愛した国王としては、さぞかし無念だったことだろう。

ジョージ５世時代の記念切手から。上：大英帝国博覧会（1924年発行分）。下：UPUロンドン大会議１ポンド（1929年発行）。

女王陛下の雑学コラム

切手収集家ジョージ5世とエリザベス女王

最上部に「パトロン／女王陛下／名誉会長」とある。

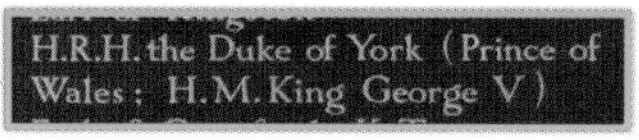

会長リストの4番目に、ジョージ5世が1896年から1910年の14年間会長だったことが記されている。

王室ロンドン郵趣協会の本部にある歴代会長が記されたプレート（2020年1月撮影）。

ジョージ5世肖像（絵葉書）

第二章コラムでジョージ5世は切手収集家だったと書いたが、その熱の入れようは相当だった。現存世界最古の郵趣団体であるロンドン郵趣協会（The Philatelic Society, London）の会長を務めたほどである。彼が会長を務めていた1906年、ロンドン郵趣協会は国王エドワード7世により「王室」（Royal）を称することが許され、名称を王室ロンドン郵趣協会（Royal Philatelic Society, London）に変更した。ジョージ5世は国王即位後に会長職を辞したが、王室ロンドン郵趣協会のパトロンとなり会を支えた。

そして、エリザベス女王も熱心な切手収集家として知られる。イギリスの新聞デイリー・ミラーによると、女王の切手コレクションは聖ジェームス宮殿にあり、300冊のアルバムと200の箱に収められている。女王のコレクションの中でも、カークブライト・カバーと呼ばれるペニー・ブラック10枚ブロックが貼られた初日カバーは特筆すべきもののひとつである。世界最初の切手ペニー・ブラックの初日カバーは70通余りが知られているが、カークブライト・カバーはその中で最も価値があると言われ、女王はこれを2001年に25万ポンド（約4600万円）で購入した。

冒頭に書いた王室ロンドン郵趣協会は2019年に設立150周年を迎えた。この年、本部の引っ越しを行い、新建屋のお披露目にはエリザベス女王も訪れた。

切手収集を楽しむジョージ5世。（ジブラルタル、2010年発行）

祖父のジョージ5世と同じ切手収集の趣味を持っていたエリザベス女王。（サウスジョージア、2021年発行）

第三章

プリンセスの恋

1951年10月17日、カナダ歴訪中に、オタワで開催されたスクエアダンスで踊る王女夫妻。写真提供：Keystone/Hulton Archive/Getty Images

リリベットとフィリッポスの出会い

リリベットがBBCラジオの「子供の時間」で世界中の子供たちにメッセージを送った前年、1939年7月、ジョージ6世は王妃と二人の娘を連れて、イングランド南西部にあるダートマス海軍兵学校を訪れた。エリザベス女王はこの時、将来の配偶者となるフィリッポス（後のフィリップ）に恋をしたと後に自身の伝記に記している。

リリベットがフィリッポスに出会う機会があったのは、1939年の海軍兵学校が初めてではなかった。最初の機会は1934年、リリベットの叔父であるケント公爵ジョージ王子と、フィリッポスの従姉妹のマリナ王女との結婚式であった。この時リリベットは8歳、フィリッポスは13歳だった。

次の機会は1937年、リリベットの父王であるジョージ6世の戴冠式だった。しかし、この2回の出会いの機会に、ふたりはお互いを意識することはなかった。

そして、ふたりが3度目に出会う機会を得たのが、1939年7月、場所はダートマス海軍兵学校であった。士官候補生だった18歳のフィリッポスはハミルトン学長の家で13歳のリリベットに紹介された。当初の予定では3人の士官候補生が国王一家に会う予定だったが、フィリッポス以外のふたりはおたふく風邪にかかり、面会を許可されなかった。

長身でハンサム、かつ運動神経抜群のフィリッポスは、リリベットの前でテニスコートのネットを飛び越え彼女を楽しませた。リリベットはこの時の様子を、ガヴァネス（女性家庭教師）のマリオン・クロフォード、通称クロフィに「フィリッポスってすごいの、クロフィ。とても高くジャンプできるの！」と興奮気味に話した。クロフィはこの時の様子を、「王女はうっとりとして、彼から目を離さなかった」と振り返って

フィリッポスと初めて出会った頃のリリベット（1933年）。
フィリップ・ド・ラースローによる肖像画。

いる。リリベットの心にフィリッポスへの恋心が芽生えた瞬間である。

リリベットの妹であるマーガレット・ローズは、「彼女はフィリッポス以外の誰にも目を向けることはなかった」と述べている。この時、国王一家は、イギリス海軍の王室ヨットであるヴィクトリア&アルバート号でダートマス海軍兵学校を訪れていた。フィリッポスは、このヴィクトリア&アルバート号で、リリベット、マーガレットと2日に亘り昼食を共にした。この2日間で、リリベットのフィリッポスに対する想いは深まっていった。

THE SPHERE

[1902]

THE HOLIDAY OF THEIR MAJESTIES.

THE NEW ROYAL YACHT, THE "VICTORIA AND ALBERT," IN WHICH THE KING IS CRUISING

THE KING'S BEDROOM

THE KING'S DRAWING-ROOM

The King's Holiday

For reasons which have not transpired the King abandoned his visit to the Riviera, if, indeed, he ever contemplated such a pilgrimage, and spent his Easter at sea on board the new royal yacht, the *Victoria and Albert*. The King, who started from London on Thursday last week, is accompanied by Viscount Esher, Lord Suffield, Lord Farquhar, the Marquis de Soveral (Portuguese Minister), and Captain the Hon. Seymour Fortescue (equerry). The *Victoria and Albert*, which is 4,700 tons against the 2,470 tons of the old vessel, is commanded by Captain Hedworth Lambton

The Queen's Holiday

Queen Alexandra started for Copenhagen on March 26. The special occasion of the visit is the celebration of the eighty-fourth birthday of her father next Tuesday. The Queen is accompanied by Miss Knollys, Colonel Brocklehurst, and Mr. Sydney Greville. The Queen crossed the Channel in the *Empress*, which made a record passage for the vessel from port to port in two minutes over the hour. The weather was beautifully fine and her Majesty remained on deck the whole time. The royal train left Calais at 1.40 and travelled through Liège to Cologne. Copenhagen was reached on Friday evening

THE KING'S WRITING AND SMOKING ROOM

THE KING'S DINING SALOON

1902年4月5日付の週刊写真新聞『ザ・スフィア』(The Sphere)に掲載された、王室ヨット・ヴィクトリア&アルバート号。リリベットがフィリッポスと昼食を共にしたヴィクトリア&アルバート号は、1901年から1939年の38年間、王室ヨットとして使われた(廃棄は1954年)。『ザ・スフィア』には、リリベットがフィリッポスと昼食を共にしたであろう食堂(dining saloon)の写真(右下)も掲載されている。

Royal Naval College, Dartmouth

絵葉書宛名面

リリベットがフィリッポスに恋心を抱いたダートマス海軍兵学校の絵葉書。ダートマス海軍兵学校はリリベットの父であるジョージ6世の出身校である。この絵葉書はジョージ6世の入学年1911年の前年、1910年にダートマスから差し立てられている。

フィリッポスの父
ギリシャ王子アンドレアス

フィリッポスの母
アリキ妃

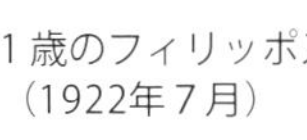

1歳のフィリッポス
（1922年7月）

イギリス海軍時代のフィリッポス
（1946年）

フィリッポスの経歴

ここで、簡単にフィリッポスの生い立ちについて触れておく。フィリッポスは1921年6月10日に、ギリシャ王子アンドレアスとアリキ妃の第五子、長男として生を受けた。祖父がギリシャ王ゲルギオス1世、曽祖父がデンマーク王クリスチャン9世、高祖父がロシア皇帝ニコライ1世、そして、高祖母がイギリス女王ヴィクトリアという家柄である。

フィリッポスが生まれた時、ギリシャは1919年にトルコとの間に発生した希土戦争の真只中にあり、フィリッポス生誕から1年ほど経った1922年、トルコに敗北することとなった。その後同年9月11日にはクーデターがおこり、1924年4月の国民投票にて共和政への移行が決まった。これに伴い、フィリッポス一家はフランスのパリ郊外で亡命生活を送り、辛酸を嘗めることとなった。

1928年、7歳のフィリッポスはイギリスに渡り、叔父のジョージ・マウントバッテン卿の元、イギリスで教育を受けることになった。1939年、立派な青年に成長したフィリッポスはダートマス海軍兵学校に進学し、その年の7月22日に訪れたジョージ6世一家の接待役に選ばれ、リリベットと再会したことは先に述べたとおりである。

第2次世界大戦下、フィリッポスの海軍での経歴は、戦艦ラミリーズ勤務に始まった。1941年からの戦艦ヴァリアントでの地中海勤務では、マタパン岬沖海戦での功績でギリシャ十字勲章を受けた。その後、1942年7月には海軍中尉となり、駆逐艦ウォリスに先任将校として勤務し、1943年7月の連合軍によるシチリア上陸作戦を支援した。その後、駆逐艦ウェルプでインド洋に赴き、そこで終戦を迎えた。日本政府が降伏文書に調印した1945年9月2日、駆逐艦ウェルプは東京湾に滞在、1946年1月にイギリスに帰還した。

友人アラテアの日記から

話をリリベットとフィリッポスに戻す。1939年のダートマス海軍兵学校での出会い以来、ヴィクトリア女王の玄孫であるフィリッポスは、時折、ウィンザー城の従兄弟たちをたずね、その際にリリベットにも会っていた。また、海軍に従事するフィリッポスは、1941年頃からリリベットと文通を始め、ふたりは愛を深めていった。

リリベットがフィリッポスと文通を始めた頃、リリベットとマーガレット・ローズの友人アラテアは、ふたりとの日々を日記に残しているのは前章で紹介した通りである。その日記の1941年4月3日には、少女らしい視点で、リリベットがボーイフレンドのことを初めて話した時の様子が書かれている。

…みんながフィリップについて何か話していたので、「フィリップって誰？」と聞いた。リリベットが「ギリシャのフィリップ王子って呼ばれている人」と言

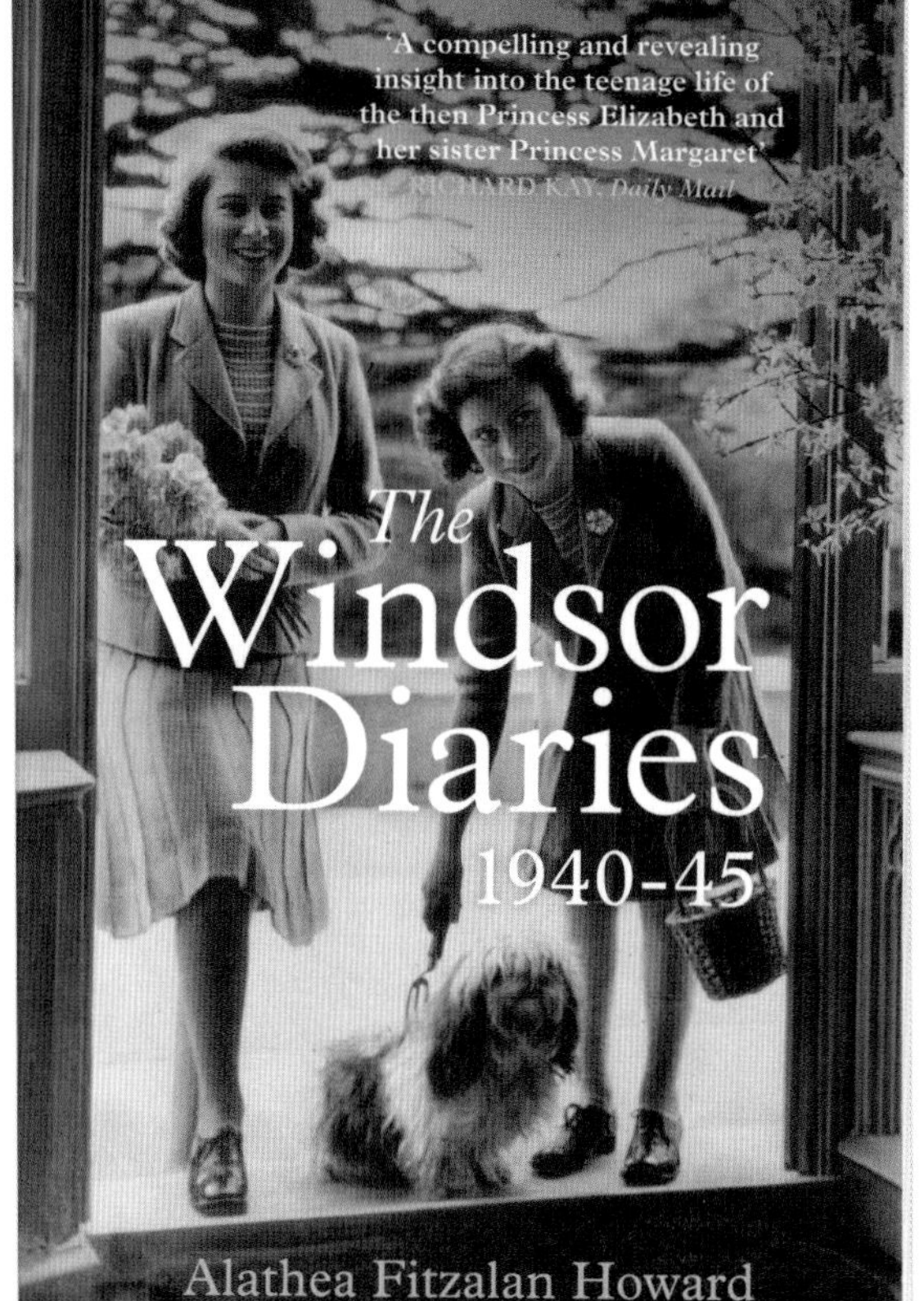

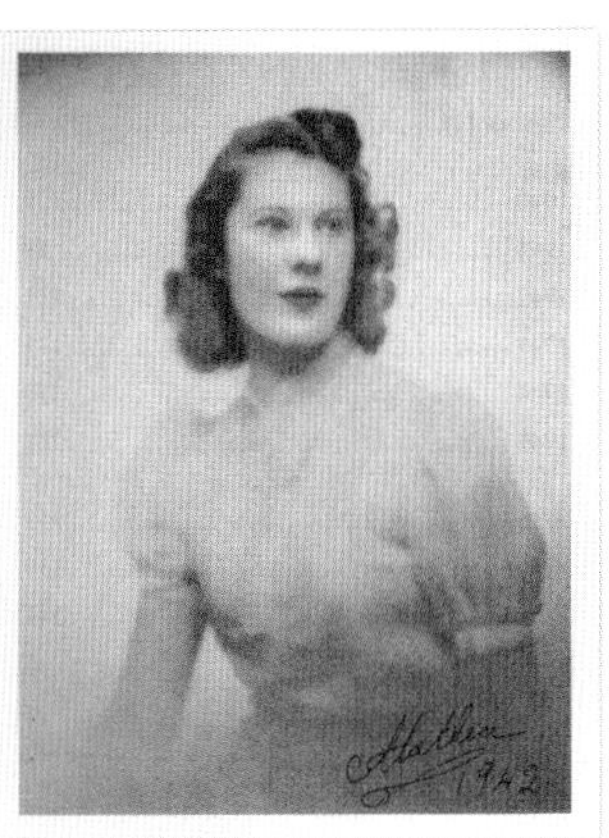

アラテアは、自身の日記を、甥の妻イサベラに託し、イサベラが『ウィンザー日記 1940－45』として2020年に発刊した（ペーパーバック版は2021年刊）。1942年の署名がある彼女の写真は、『ウィンザー日記』に掲載されているものである。

うと、みんなは大笑いをした。「どうして笑うの、もっとちゃんと教えて」と言うと、マーガレットは「ひみつ」と答えた。リリベットは「言っても良いわよ。秘密を守れる？」と言うと、「フィリップは私のボーイフレンドなの」と教えてくれた。モンティ（家庭教師）は私にもボーイフレンドがいるかと聞くので、ロバート・セシル（19世紀のイギリスの政治家。3度にわたり首相を務めた）と答えると、リリベットは面白がり、マーガレットはボーイフレンドがいて良かったねと言った。その後、私たちは大笑いをした。リリベットは、私の「ボーイフレンド」の写真を新聞から切り取っておいてくれると言った。彼女は、2年前の私よりずっと大人だ。帰り際に、リリベットは「お互いの秘密を守ろうね」と言った。私は自転車で家に帰りながら、リリベットが重大な秘密を教えてくれたことを誇らしく思い、幸せな気分になった。この秘密、決して誰にも言わないからね…（１９４１年）4月3日（抜粋）

QUADRANGLE _ WINDSOR CASTLE.

リリベットとフィリッポスが会い始めた頃のウィンザー城
（グリーティング・カード）

ジョージ6世、結婚を認める

先に述べたように、フィリッポスが乗る駆逐艦ウェルプがイギリスに帰還したのは１９４６年１月である。この年の秋、フィリッポスは、国王一家が夏から秋にかけて滞在するバルモラル城に招待され、１ヵ月もの期間滞在した。この滞在期間中に、フィリッポスはリリベットに求婚し、リリベットはこれを受け入れた。これに対し、リリベットの父である国王ジョージ6世の決断は、翌１９４７年の夏を待たねばならなかった。

フィリッポスは、叔父のルイス・マウントバッテン卿の努力の末、１９４７年2月にイギリスに帰化することができ、フィリップ・マウントバッテンを名乗ることとなった。

ジョージ6世一家は、１９４７年４月から3ヵ月間、公務で南アフリカを訪問した。この期間、リリベットは頻繁にフィリップに手紙を送っている。それを見て、ジョージ6世はリリベットの想いの深さを理解し、ふたりの結婚を認める決心をした。

婚約が発表され、幸せいっぱいのリリベットとフィリップ。切手に使われた写真は1947年７月10日当時のもの。（成婚70周年記念、2017年発行）原寸の150％

ジョージ6世一家は7月8日に帰国し、国王はその日にふたりの結婚を認めた。そして、翌7月9日にふたりの婚約が発表され、リリベットはフィリップがデザインしたダイヤモンドとプラチナの婚約指輪を受け取った。

リリベットとフィリップの結婚式、いわゆるロイヤル・ウェディングの日は11月20日と決められた。場所はウェストミンスター寺院である。

THE ROYAL BETROTHAL
PRINCESS ELIZABETH AND LIEUT. PHILIP MOUNTBATTEN, R.N.,
PHOTOGRAPHED TOGETHER AT BUCKINGHAM PALACE

リリベットとフィリップの婚約を記念して発行された絵葉書

リリベットのウェディングドレス

希望に胸弾ませる若い花嫁にとって、ウェディングドレスは結婚式において重要なものである。それは、13歳の頃から恋焦がれてきたフィリップとの結婚を迎えるリリベットにとっても同様だった。しかし、時は戦後の物資が不足している時期、衣料を入手するにも配給券が必要だった。

王女だからといって、特別扱いはできない。憧れのウェディングドレスのため、リリベットは戦時中から衣類の配給券を貯めてきたが、それだけでは足りなかった。それを知った多くの国民は、リリベットに自らの配給券を郵便で送った。しかし、配給券を他人に譲ることは法律で禁じられていたため、リリベットは送られてきた配給券をすべて返送した。

一方で、政府はリリベットのウェディングドレスのために、200枚の衣料配給券を追加発行し、これとリリベットが貯めた配給券を合わせてウェディングドレスを作ることができた。

リリベットのウェディングドレスは、リリベットがお気に入りのデザイナーであるノーマン・ハートネルが手がけたもので、フィレンツェ生まれの画家サンドロ・ボティチェリの「春」(La Primavera)のイメージでデザインしたものと言われている。中国から輸入したシルクに、1万個のパールを散りばめて作られ、7週間の期間をかけ、延べ350人の職人により作られた。

花嫁姿のリリベットとフィリップ
(成婚50周年記念、1997年発行)

リリベットのウェディングドレスのイメージとなった、ボティチェリ「春」より、花の女神フローラ。(絵葉書)

ウェストミンスター寺院での結婚式（絵葉書）

THE ROYAL WEDDING
THE SERVICE AT WESTMINSTER ABBEY

エリザベスを私の妻とします

１９４７年11月20日のロイヤル・ウェディングの様子は、ＢＢＣラジオで全国に放送された。「世界中の注目がバッキンガム宮殿に集まっています。11月の煙った朝、２頭の灰色の馬が、アイリッシュ・ステート・コーチを引いています。乗っているのは、エリザベス王女殿下と、その父親です」。

式はウェストミンスター寺院で行われ、２０００人のゲストがふたりの結婚式を見守った。カンタベリー大主教ジェフリ・フィッシャーの司式により、この日エジンバラ公となったフィリップは、戦時中も愛を育んできたエリザベス王女と結婚の誓いを交わした。

「私、フィリップは、汝、エリザベス・アレクサンドラ・メアリを、私の妻とします」。

結婚式の後、バッキンガム宮殿に戻るふたりを迎えるため、多くの人が集まっていた。ＢＢＣ放送は続ける。「宮殿の外には10万人が集まり、大きな群衆となっています。群衆は、何度も、何度も「エリザベス、フィリップ」と連呼し、ふたりはそれに対して、何度も、何度も喜びを持って返しています」。

結婚式の様子（成婚70周年記念、2017年発行）原寸の150％

The Royal Bride and Bridegroom
Driving to Waterloo Station for the Honeymoon.

新婚旅行のためウォータールー駅に向かうリリベットとフィリップ（絵葉書）

新婚旅行とふたりからのメッセージ

リリベットとフィリップはバラの花びらによるフラワーシャワーを浴びながら宮殿を後にした。ふたりは新婚旅行に向け、愛犬のコーギー「スー」を連れ、ウォータールー駅に向かった。

この時のリリベットの衣装も、ウェディングドレスをデザインしたノーマン・ハートネルによるもので、ミストブルーのドレスとコートに、マッチするマッシュルームカラーのアクセサリーが飾られていた。ブルーのフェルト製のボンネットベレー帽には、羽根で作った玉房とダチョウの羽とで作った飾りがつけられていた。

新婚旅行の前半はハンプシャー州にあるフィリップの叔父マウントバッテン伯爵の家で過ごし、後半はバルモラル城で過ごした。新婚旅行の後半に出発する前、ふたりはバッキンガム宮殿から次のメッセージを発した。

「今夜、スコットランドに旅立つ前に、私たちの結婚式に対する世界中の愛情深い思いが、私たちの心から消えることなく残っていることをお伝えしたいと思います。私たちの気持ちを言い表す言葉が見つかりませんが、私たちの新たな生活の出発を温かく見守って下さった何百万人もの方々に、感謝の気持ちをお伝えしたいと思います。

エリザベス王女、フィリップ王子」

笑顔のリリベットとフィリップ
（成婚60周年記念、2007年発行）原寸の140%

ロイヤル・ウェディングを祝う切手・消印

FIRST DAY COVER

オーストラリア

CANADA 4¢

Dorothy Jones
3502 Grand Ave. So.
Minneapolis, Minnesota
U.S.A.

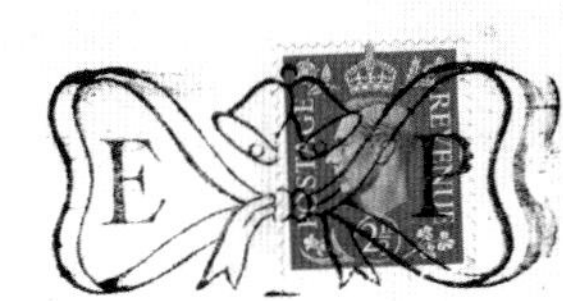

Messrs. White-Cooper & Turner,
Amberley House,
Norfolk Street,
Strand, W.C.2.

リリベットとフィリップのロイヤル・ウェディングを祝う切手類。結婚式の1947年11月20日には、オーストラリアが成婚の記念切手を発行している。また、カナダは、翌年２月16日に記念切手を発行している。一方で、イギリスでは記念切手の発行はなく、機械印に標語を付した、標語機械印でロイヤル・ウェディングを祝った。原寸の65%

エジンバラ公フィリップの追悼切手

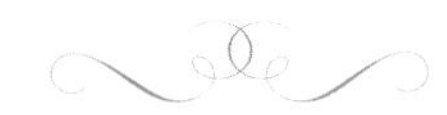

フィリップ追悼切手のコインカバー。2021年４月９日に逝去。切手は同年６月24日に発行。各年代のフィリップの写真に哀悼の黒枠が付されている。原寸の50%

コラム

フィリップ［1921~2021］と アルバート［1819~1861］
女王の愛した夫たち
切手になったフィリップ、切手に貢献したアルバート

エリザベスとフィリップ、ヴィクトリアとアルバート

イギリスでは、女王の時代に国が栄えると言われている。エリザベス女王は第2次世界大戦後、世界の勢力図が大きく変わる中、イギリス国民に寄り添いながら、イギリス王室史上最長となる70年の在位期間を全うした。一方で、ヴィクトリア女王は大英帝国が強大な力を持っていた時期、エリザベスに次ぐ63年もの長期に亘りイギリス女王として君臨した。

このふたりには共通点が多くあるが、そのひとつとして、自らの一途な思いを貫き、最愛の夫と結ばれたことが挙げられるだろう。エリザベス女王が大恋愛の末にフィリップとの結婚に至たった経緯は、第三章「プリンセスの恋」に書いた通りである。一方で、ヴィクトリアも、17歳で出会ったアルバートへの思いを持ち続け20歳での結婚に至っている。

17歳のヴィクトリアは1836年5月にアルバートと出会い、この時に恋に落ちたと読める内容を日記に記している。彼女は、その翌年の1837年6月20日に18歳

1948年発行。ジョージ6世銀婚式の夫妻の横顔。

1972年発行。エリザベス女王銀婚式記念。この切手はエリザベス女王とフィリップ殿下の横顔が重なるデザインだが、これは1948年に発行されたジョージ6世とエリザベス王妃（エリザベス女王の両親）の銀婚式を記念する切手（左）のオマージュと思われる。

ジブラルタル発行。フィリップの100歳に当たる2021年6月10日発行。追悼と100歳誕生日記念を兼ねた発行。原寸の70%

で即位した。ヴィクトリアとアルバートが結婚したのは1840年2月10日だった。

エリザベス女王の時代は、世界中で多くの切手が発行された時代である。エリザベス女王を描いた切手は世界中から数多発行されたことは「はじめに」で書いた通りである。結果として、夫のフィリップもエリザベス女王と共に切手に描かれることがあった。また、フィリップが2021年に99歳で亡くなった時は、イギリスのみならずコモンウェルスの国からも追悼切手が発行された。

目打用の試作切手ー プリンス・コンソート・エッセイ

一方で、ヴィクトリアの最愛の夫であるアルバートは、生涯、切手に描かれることはなかった。女王の夫が切手に描かれる可能性があるのは記念切手であるが、ヴィクトリア女王の時代、イギリスではまだ記念切手は発行されていなかった。アルバートは切手には描かれなかったが、しかし、今日の切手にとって極めて重要な関わり方をしていたのである。

1840年5月6日、ヴィクトリア女王の肖像が描かれた黒1ペニー切手（ペニー・ブラック）と青2ペンス（ペンス・ブルー）の2種の切手がイギリスで発行された。世界で最初の切手である。（正確には、ペニー・ブラックは5月1日から発売されたが、使用開始日は5月6日だった。ペンス・ブルーについては、発行および使用開始日とも5月6日である。）これらの切手は現在の切手とほぼ同じ形状であった

プリンス・コンソート・エッセイ

目打実験用の模擬切手（1851年）。目打なし（右）と目打入り（左）。通称プリンス・コンソート（王婿殿下）・エッセイ。図案はヴィクトリア女王の夫、アルバートの横顔。

ペニー・ブラックとペンス・ブルー（1840年発行）は、目打がなかった。

ヘンリー・アーチャーが試作の目打を施したペニー・レッド（右・1850年）と、アーチャーの特許を買い取り、目打入りで発行されたペニー・レッド（左・1854年）。

ヴィクトリア女王と夫アルバート（1854年）

が、大きな違いとして切手を切り離すための目打がなかったことが挙げられる。イギリスの切手発行に続いて、世界では相次いで切手が発行されたが、いずれの切手にも、イギリス切手同様に目打がなかった。

このような中、切手を切り離すための目打を発明したヘンリー・アーチャーは切手製造の契約をとるべく、その試作を申し出た。その際に用いられた試作切手（エッセイ）について、政府印刷部門のサマーセットハウス切手部門スーパーバイザー、エドウィン・ヒルは、アーチャー社の彫刻師サミュエル・W・レイノルズに対して、女王の顔を使わぬよう要請した。

そこで、レイノルズはヴィクトリア女王の横顔の代わりに、王婿であるアルバートの横顔を使うこととした。このような経緯で彫られたエッセイは、王婿を意味する英語、プリンス・コンソート（Prince Consort）を冠して、プリンス・コンソート・エッセイと呼ばれている。

プリンス・コンソート・エッセイにより目打の実用性が証明されると、赤茶色に改色された1ペニー切手（ペニー・レッド）に対し、1848年からはルレットと呼ばれる目打が、1850年からは現在使われているような形状の目打の試用が始まり、1853年にアーチャーの特許は買い取られた。

そして、1854年2月24日から公式に目打が施された切手が発行された。世界初の目打付切手の誕生である。正規の切手には描かれなかったアルバートではあったが、今日、世界中の切手に施されている目打の誕生に大きく関わっていたのである。

第四章

新女王のための普通切手

25歳の若さで即位したエリザベス女王の肖像写真。
上部に女王のサイン入り。（大型切手帳より）

タイムリミットはクリスマス！

「クリスマスシーズンに間に合った！」

イギリス郵政の関係者たちは胸を撫で下ろしたことだろう。エリザベス女王時代の最初の切手が発行されたのは1952年12月5日であった。発行されたのは、印刷物の基本料金である1½ペンス切手と書状の基本料金である2½ペンス切手であった。

クリスマスシーズンに、知人や親戚に送る手紙やグリーティングカードへ、この年の2月6日に即位したエリザベス女王の肖像を題材とした新切手が使えることを目指したプロジェクトは、予定通り完了した。

エリザベス女王時代の最初の普通切手、1½ペンスと2½ペンス。（1952年12月5日発行）原寸の160％

エリザベス女王時代の最初の切手、1½ペンスと2½ペンスが貼られた初日カバー。この年のクリスマスカード送付に間に合うように12月5日に発行された。この初日カバーに押されている消印は、クリスマス（CHRISTMAS）と記された標語機械印である。原寸の85％

1952年２月６日、ジョージ６世崩御。翌７日、新女王はケニアからヒースロー空港に急遽帰国。新女王に敬意を表し、過去（クレメント・アトリー）・現在（ウィンストン・チャーチル）・未来（アンソニー・イーデン）の首相が出迎えた。（在位70周年を記念する大型切手帳より）

父王の死と新女王の誕生

リリベットはフィリップとの結婚後、体調の優れぬ父王ジョージ6世の名代としていくつもの国を訪問していた。エリザベス女王時代の最初の切手が発行された、1952年のクリスマスシーズンから遡ること10ヵ月の1月31日、オセアニアのコモンウェルス諸国を訪問するエリザベス王女夫妻を、ジョージ6世はヒースロー空港まで見送った。病の身を押して愛娘を見送ったジョージ6世は、自らの死期が近いことを知っていたのかもしれない。

リリベット夫妻がオセアニア訪問の途中でイギリス領東アフリカ、現在のケニアに滞在中の2月6日の朝、静養先のサンドリンガム・ハウスで就寝中に息を引き取っていたジョージ6世が発見された。国王崩御の知らせを受けたリリベットはオセアニア訪問を中止し、2月7日には父王に見送られたヒースロー空港に降り立った。新女王、エリザベス2世として。

ケニアから発行された「シルバー・ジュビリー（在位25周年）」の初日カバー。切手には、「FOR THE FIRST TIME IN THE HISTORY OF THE WORLD A YOUNG GIRL CLIMBED INTO TREETOPS ONE DAY A PRINCESS AND SHE CLIMBED DOWN FROM THE TREE THE NEXT DAY A QUEEN-GOD BLESS HER」…滞在先のケニアにて、樹上のホテルから朝降りたら女王になっていた、と記されている。原寸の40%

新女王の切手発行までの経緯

エリザベス女王の時代の最初の切手発行に至る過程は、スタンレー・ギボンズ社の『イギリス切手専門カタログ第3巻 エリザベス2世』、ダグラス・N・ミューア著『時代を超えるクラシック メイチン肖像の進化』（英国郵便博物館）に詳しい。以下、上記2冊の記述を元に、その経緯を紹介する。

ジョージ6世が崩御する前年、1951年の秋、イギリス郵政では体調が思わしくない国王に、万が一のことが起きた場合の検討を開始していた。検討結果は、S・W・デイによる「郵便切手の新規発行に関して取るべき初期段階」という文書にまとめられた。この文書には、発行すべき額面、デザインをどうするか、どのような品揃え、つまり、シート販売の切手に加えて、コイル切手、切手帳、はがきなどの発行について記載された。そして不幸なことに、この文書は1952年2月6日のジョージ

イギリス王室や映画スターなどの著名人を、数多く撮影した女性写真家ドロシー・ワイルディング。
（60ページまで、いずれも大型切手帳 The definitive portrait Her Majesty's stamps celebrated by Royal Mailより）

6世の死により、想定していたより早く実行に移されることとなった。

イギリス郵政は新切手発行計画を開始するため、女王即位1週間を待たずして、私設秘書アラン・ラッセルズ卿に接触した。切手のための女王の肖像写真は、著名な写真家であるドロシー・ワイルディングに撮影してもらうことが決められ、撮影日は2月26日にクラレンス・ハウスで行われた。イギリス郵政は、切手はグラビア印刷で作られることを説明し、ワイルディングには「顔の片側に濃い影がある写真は望ましくない、目に影を落とすトップライトは避けるべきである」と、事細かに指示を出した。撮影された写真はレヴュー・ミーティングにかけられ、ティアラを着けた女王の斜め前（スリー・クオーター）からの肖像写真が選ばれた。しかし、紋章的観点からティアラよりは王冠を着用した肖像にすべきだと考えられ、王冠を着用しての撮影が4月15日に再度行われた。

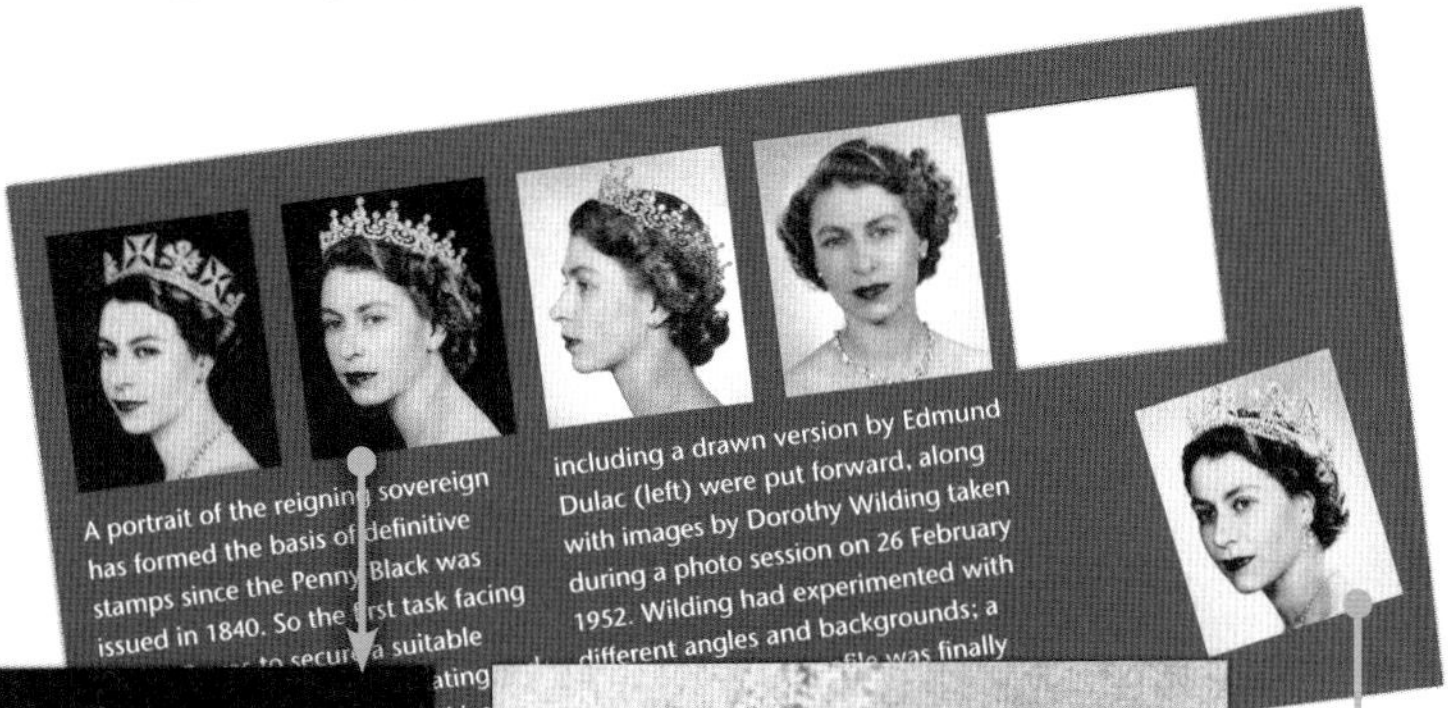

ワイルディングによる切手のためのフォト・セッション。左端のみ、デュラックによる肖像画。

切手に採用

ドロシー・ワイルディングによるエリザベス女王のスリー・クオーター肖像写真。左は1952年２月26日に撮影されたティアラを着用したもの。右は、４月15日に王冠を着用して再撮影したもの。再撮影の肖像写真が女王の承認を経て、切手に使われた。

エリザベス女王は、ジョージ4世の戴冠式のために1820年に作られたダイヤモンドで飾られた王冠を着用して再撮影に臨んだ。新たに撮影されたスリー・クオーターの肖像写真は5月5日に女王により承認され、新切手の図案に使われることが決まった。ただし、承認には王冠が少し後ろ過ぎるとの但し書きがあり、これについては画像を修正することで対応された。ドロシー・ワイルディングが撮影した肖像写真が使われた切手は、ワイルディング・イッシューと呼ばれている。

第四章扉写真：1952年４月15日に行われた２回目の撮影時のエリザベス女王。ガーター勲章である星のついた帯を掛け、ジョージ４世のために作られたダイヤモンドで飾られた王冠を着用した出立であった。

75のデザインから絞り込まれたフレーム

切手のデザインは、もちろん肖像写真だけで完結するわけではない。イギリス郵政は、肖像以外の部分のデザインを依頼するアーティストのリストを作成した。デザインを依頼されたアーティストは、メアリー・アドシード、エドマンド・デュラック、ジョン・フレイリー、エイブラム・ゲームズ、ジョーン・ハッサル、イーニッド・マルクス、パーシー・メトトカーフ、ビクター・レインガナム、ジョン・ストビー、ランスロット・ソーントの10名であった。この10名にはデザイン料が支払われるが、リストに挙げられていないアーティストも、無報酬ではあるがデザインを提出することができた。

デザインは女王の肖像を中心に配置し、イギリスを構成する4ヵ国の花の紋章、バラ、シャムロック、アザミ、スイセンを含むことが推奨された。また、当時のイギリス切手は、郵便切手と収入印紙を兼ねていたので、郵便を意味する「POSTAGE」と、印紙を意味する「REVENUE」の文字を含むことも求められた。

切手デザインには、75の応募があった。デザインを提出したのは、上記の10名に加えて、印刷会社であるハリソン社、デ・ラ・ルー社、ウォータールー社、ブラッドバリー・ウィルキンソン社のデザイナーたちであった。諮問機関は、まず75のデザインから19にまで絞り込み、次に9デザインに、最終的には7月23日に女王の推挙1点を含む5デザインを選んだ。選ばれたデザイナーは、左ページの通りである。

切手デザイン最終案

諮問機関の推挙

女王が諮問機関の推挙に加えて選んだ案

諮問機関より選ばれた９デザインと、1952年７月23日に選ばれた５つの最終デザイン。５つの中には、女王推挙の１案も含まれている。中央の肖像画は、ワイルディングが撮影したものと、デュラックが描いた肖像画（57ページ参照）が混在している点が興味深い。

選ばれた5案のデザイナー

マルクス	ファラーベル	アドシード
デュラック	ナイプ	

選ばれたデザイナーと担当額面

額　面	デザイナー
½ペニー、１ペニー、1½ペンス、２ペンス	マルクス
2½ペンス、３ペンス、４ペンス、（後に4½ペンス）	ファラーベル
５ペンス、６ペンス、７ペンス	ナイプ（ハリソン社）
８ペンス、９ペンス、10ペンス、11ペンス	アドシード
１シリング、１シリング３ペンス、１シリング６ペンス	デュラック

ワイルディング・イッシューの最終デザイン５つのうちの一つを手がけたエドマンド・デュラック。幻想的な作風の挿絵画家として知られるが、切手に加え肖像画や紙幣デザインにも才能を発揮した。

新普通切手の誕生と女王の思い

10月6日、使用頻度の高い2額面である1½ペンスと2½ペンスを年末に発行することが決定し、同日、王室の許可も得た。印刷会社はハリソン社が選ばれ、クリスマスに間に合うよう、新切手の発行日は12月8日か12日と決められた。そして、この日を前倒ししての1952年12月5日、2種の新切手が発行されたのは本章の冒頭に書いた通りである。

その後も、他額面が順次発行され、1954年までに17額面の普通切手が発行された。その後、1955年から58年にかけて高額普通切手が発行された。また、1959年には新額面として、4½ペンスが発行された。これらの切手の用紙には、当初チューダー・クラウンと呼ばれる透かしが使われていたが、その後、透かしはエドワード・クラウン、マルティプル・クラウンへと変遷していった。また、郵便物自動並べ替え機のためのグラファイトによる黒線を裏面に印刷したものや、切手検知のための発光インキ（無色）によるバンド（発光バンド）を表面に印刷したものなどが発行された。これらを表にまとめて示す（62ﾍﾟｰｼﾞ参照）。

エリザベス女王の時代の普通切手、ワイルディング・イッシューの肖像は、それまでのイギリス切手では一般的だった横顔（プロファイル）ではなく、祖父のジョージ5世の時代に最初の2額面に採用されたのと同じ斜め前（スリー・クオーター）の肖像写真である（34ﾍﾟｰｼﾞ参照）。また、エリザベス女王が着用した王冠は、世界最初の切手であるペニー・ブラックに描かれたヴィクトリア女王が着用したものと同じものである。ワイルディング・イッシューには、世界最初の切手となったヴィクトリア女王と、大好きだった祖父ジョージ5世に対する、エリザベス女王の思いが込められているのかもしれない。

ワイルディング・イッシュー 1952〜54年

ワイルディング・イッシュー額面別のデザインと刷色。４½ペンスのみ1959年発行。

ワイルディング・イッシューの低中額面切手。1952年から67年にかけて発行された。３種類の透かし、郵便物の自動仕分け機のための裏面グラファイト黒線印刷、切手検知用の無色発光インキ印刷などにより分類できる。（62ページ参照）

ワイルディング・イッシュー高額切手 1955〜68年

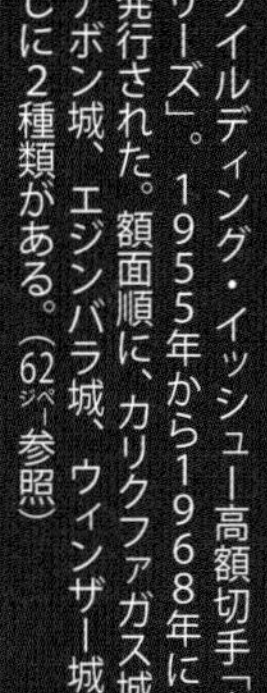

ワイルディング・イッシュー高額切手「古城シリーズ」。1955年から1968年にかけて発行された。額面順に、カリクファガス城、カーナボン城、エジンバラ城、ウィンザー城。透かしに2種類がある。（62ページ参照）

ワイルディング・イッシューに使われた透かし

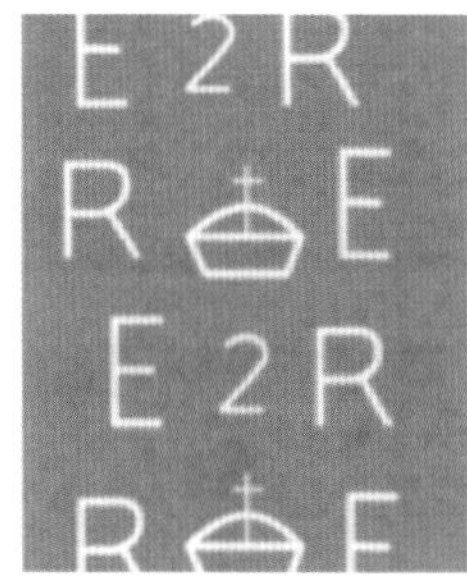

チューダー・クラウン

エドワード・クラウン

マルティプル・クラウン

グラファイト黒線

切手裏面に印刷されたグラファイト黒線。封書などの自動仕分け用に印刷された。

		発行年	透かし	裏面黒線	発光バンド	額　面
ワイルディング・イッシュー	低〜中額面	1952 〜 54	チューダー・クラウン	無	無	½d., 1d., 1½d., 2d., 2½d., 3d., 4d., 5d., 6d., 7d., 8d., 9d., 10d., 11d., 1s., 1s.3d., 1s.6d.
		1955 〜 57	エドワード・クラウン	無	無	½d., 1d., 1½d., 2d., 2½d., 3d., 4d., 5d., 6d., 7d., 8d., 9d., 10d., 11d., 1s., 1s.3d., 1s.6d.
		1957	エドワード・クラウン	有	無	½d., 1d., 1½d., 2d., 2½d., 3d.
		1958 〜 61	マルティプル・クラウン	無	無	½d., 1d., 1½d., 2d., 2½d., 3d., 4d., 4½d., 5d., 6d., 7d., 8d., 9d., 10d., 1s., 1s.3d., 1s.6d.
		1958 〜 59	マルティプル・クラウン	有	無	½d., 1d., 1½d., 2d., 2½d., 3d., 4d., 4½d.
		1959	マルティプル・クラウン	有	有	½d., 1d., 1½d., 2d., 2½d., 3d., 4d., 4½d.
		1960 〜 67	マルティプル・クラウン	無	有	½d., 1d., 1½d., 2d., 2½d., 3d., 4d., 4½d., 5d., 6d., 7d., 8d., 9d., 10d., 1s., 1s.3d., 1s.6d.
	高額面	1955	エドワード・クラウン	無	無	2s.6d., 5s., 10s., £1
		1959	マルティプル・クラウン	無	無	2s.6d., 5s., 10s., £1

d.：ペニー（ペンス）、s.：シリング、£：ポンド

ワイルディング・イッシュー　地方切手

北アイルランド地方切手（1958〜69年発行）

アルスターの手、フラックス（亜麻）の花、庭の門。

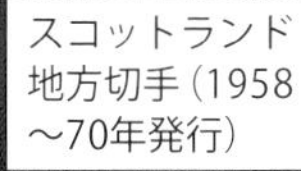

スコットランド地方切手（1958〜70年発行）

アザミと王冠、ユニコーン。

コラム

地方切手の発行
北アイルランドなど6地域で発売

地方色豊かな意匠やシンボル

イギリスで最初の地方切手が発行されたのは、エリザベス女王の時代、1958年8月18日だった。これらは、北アイルランド、スコットランド、ウェールズ、ガンジー、ジャージー、マン島で発売された。地方切手と同額面のイギリス普通切手は、一部の例外を除き、基本的にこれらの地方では販売されなかった。

1958年から発行された一連の地方切手には、イギリス普通切手同様に、ドロシー・ワイルディングによるエリザベス女王の肖像写真が使われた。これらの地方切手には、地方名が記載されることはなく、それぞれの地方を表す意匠やシンボルが描かれた。例えば、スコットランドなら「アザミ」「ユニコーン」、ウェールズなら「ドラゴン」「西洋ネギ」、北アイルランドなら「アルスターの手」「フラックス（亜麻）の花」といった具合である。

ウェールズ
地方切手（1958
〜69年発行）

ドラゴン、
西洋ネギ（リーキ）。

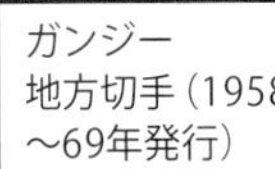

ガンジー
地方切手（1958
〜69年発行）

ガンジーリリー、
ノルマンディー公
ウィリアムの王冠。

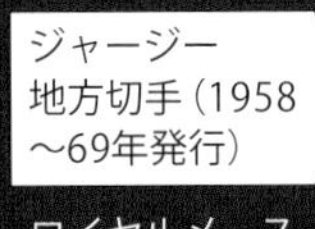

ジャージー
地方切手（1958
〜69年発行）

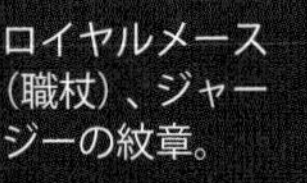

ロイヤルメース
（職杖）、ジャー
ジーの紋章。

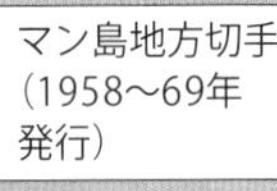

マン島地方切手
（1958〜69年
発行）

三脚巴紋。

これらの地方切手は各地方で使われることを想定して発行されたが、イギリス全土でも使うことができた。しかし、ガンジーとジャージーで1969年10月1日から独自の郵便行政を立ち上げ、独自の切手を発行したため、これらの地方では同年9月30日に地方切手の販売を中止した。

イギリス国章とそのシンボル

[**イングランドのシンボル**]
1 クレスト（王冠と飾りの獅子）
2 イングランドの獅子（楯持ち）
3 イングランド王の紋章（３匹の獅子）
4 薔薇（チューダーローズ）
[**スコットランドのシンボル**]
1 スコットランドのユニコーン（楯持ち）
2 スコットランド王の紋章（ランパントの獅子）
3 アザミ
[**ウェールズのシンボル**]
1 西洋ネギ（リーキ）
[**北アイルランドのシンボル**]
1 北アイルランドの紋章（アイリッシュ・ハープ）
2 シャムロック（クローバー）

スコットランド

原寸の140％

アザミと王冠

アザミ

ユニコーン

ウェールズ

西洋ネギ（リーキ）とドラゴン

ドラゴン

ドラゴンと西洋ネギ（リーキ）

北アイルランド

アルスターの手とフラックス（亜麻）の花

アルスターの手とフラックス（亜麻）の花

アルスターの手とフラックス（亜麻）の花と庭の門

チャネル諸島　解放３周年記念切手

チャネル諸島（1948年発行）、解放３周年記念切手。ジョージ６世の肖像、燃料や肥料用の海藻を集める人を描く。

チャネル諸島解放3周年記念切手の初日カバー。チャネル諸島のガンジー島の初日印が押されている。原寸の70％

※切手収集の世界では、封書や葉書などの郵便物を「カバー」(cover)と呼ぶ。特に、切手の発行日に封筒に切手を貼り、発行日の消印を押したものを、「初日カバー」(First Day Cover)と呼ぶ。

地方切手の先駆け

このように、エリザベス女王の時代にイギリスで最初の地方切手が発行されたが、そのアイディアはエリザベス女王の父、ジョージ6世の時代にあった。

1948年5月10日に発行された「チャネル諸島解放3周年記念切手」は、当初、諸島内だけで発行される予定だった。まさに、地方切手そのものである。しかしこの方針は変更され、郵政庁舎のあるロンドンに加えて、ベルファスト、バーミンガム、ブリストル、カーディフ、エジンバラ、リーズ、マンチェスター、7つの中央郵便局でも発行され、イギリスで最初の地方切手とはならなかった。

その後、しばらく地方切手発行はなく、イギリス最初の地方切手の発行には10年を待たねばならなかった。

第五章

戴冠式ドキュメント

NOW SHE IS QUEEN INDEED
THE CORONATION PROCESSION
OF HER MAJESTY QUEEN ELIZABETH, JUNE 2nd, 1953
A TUCK CARD

ゴールド・ステート・コーチに乗り、
バッキンガム宮殿に戻るエリザベス女王。(絵葉書)

NORMAN HARTNELL
Couturier Norman Hartnell designed the gown in white satin with embroidered bands of golden crystals, diamonds and pearls. The skirt depicted many national emblems including the Tudor rose, thistle of Scotland and maple leaf of Canada.
GOOD LUCK CHARM
Unbeknown to the Queen, Hartnell had added his own final flourish to the gown by sewing a lucky four-leaf shamrock on to the skirt. The secret emerged in 1993 when the dress was lent to an exhibition at Kensington Palace.
1ST
2ND
1ST
2ND
1953
2003
2ND
1ST
2ND
1ST

ノーマン・ハートネルがデザインしたドレス。（戴冠式50周年を記念する大型切手帳より）原寸の75％

〝不死鳥の時代〟へ！

エリザベス女王時代の最初の切手が発行されるまでに10ヵ月かかったことは前章で述べた通りだが、それ以上に労力と時間をかけたのが戴冠式の準備である。エリザベス女王の戴冠式は1953年6月2日に執り行われた。実に1年4ヵ月の準備期間を要したことになる。25歳の若さで即位したエリザベス女王は、この時27歳となっていた。

戴冠式の準備は、戴冠式そのものの準備に加えて、来賓に関する準備、ロジスティクス（物流管理）など多岐に亘った。一方で、エリザベス女王にとっては、戴冠式でのドレス作りも重要な関心事であっただろう。戴冠式のドレスを担当したのは、ウェディングドレスと同様に、ノーマン・ハートネルであった。ハートネルは女王が選択できるように多数のデザイン案を提示し、その中からエリザベス女王が気に入ったものを選んだ。ドレスのシルエットは、当時流行していたフィット&フレアというウエストを絞ったものであった。ドレスの素材には厚手のシルクサテンであるダッチェスサテンが使われた。刺繍はシードパールとダイヤモンドで施され、3段の扇状に縁取られた。扇状の縁取りの中には、連合王国と英連邦王国の国花が金糸や銀糸で刺繍された。

戴冠式の前日、ロンドンは豪雨に見舞われた。さらに、エリザベス女王が戴冠式に向かう行進の最中にも断続的に雨が降っていた。それにも関わらず、沿道には前日から多くの人が集まり、当日は300万人が女王の行進を見学したと言われている。

雨の中、戴冠式の行列を見学したイギリス国民にとって、この雨は辛かった第2次世界大戦、そして戦後の苦しい生活の象徴のように思えたかもしれない。イギリス国民の誰もが、新しい女王が苦しかった時代に終止符を打つだろうと希望を持っていただろう。実際、エリザベス

AT TRAFALGAR SQUARE

CHT 9　THE CORONATION PROCESSION OF HER MAJESTY QUEEN ELIZABETH, JUNE 2ND, 1953　A TUCK CARD

エリザベス女王の行進。前日の豪雨と、当日に降った断続的な雨のため、道路は濡れている。（絵葉書）

女王の妹であるマーガレット王女は、戴冠式以降のイギリスについて、「不死鳥の時代」（Phenix-time）と表現し、すべてがどんどん良くなっていった時代だったと振り返っている。

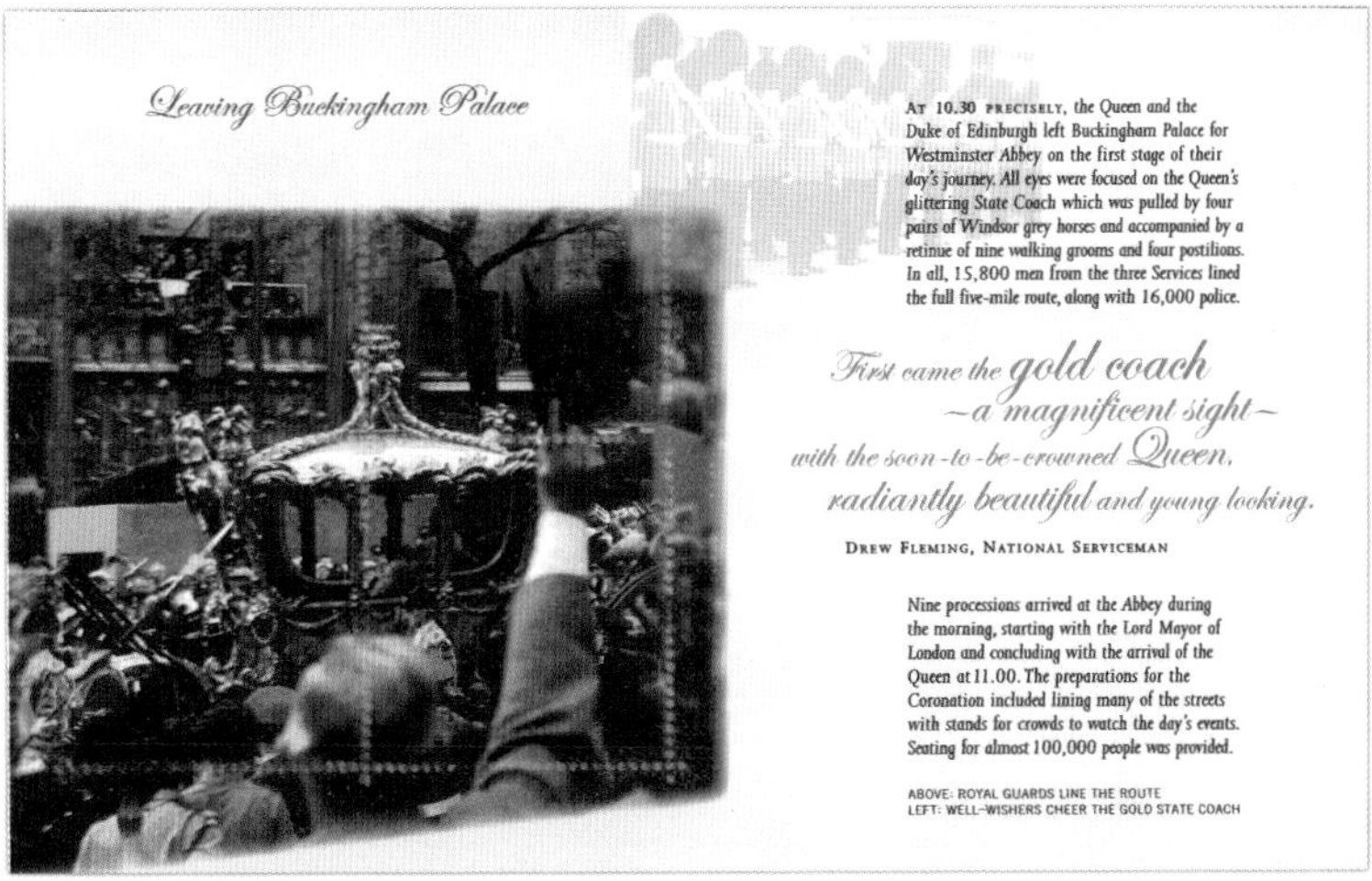

Leaving Buckingham Palace

AT 10.30 PRECISELY, the Queen and the Duke of Edinburgh left Buckingham Palace for Westminster Abbey on the first stage of their day's journey. All eyes were focused on the Queen's glittering State Coach which was pulled by four pairs of Windsor grey horses and accompanied by a retinue of nine walking grooms and four postilions. In all, 15,800 men from the three Services lined the full five-mile route, along with 16,000 police.

First came the gold coach ~a magnificent sight~ with the soon-to-be-crowned Queen, radiantly beautiful and young looking.

DREW FLEMING, NATIONAL SERVICEMAN

Nine processions arrived at the Abbey during the morning, starting with the Lord Mayor of London and concluding with the arrival of the Queen at 11.00. The preparations for the Coronation included lining many of the streets with stands for crowds to watch the day's events. Seating for almost 100,000 people was provided.

ABOVE: ROYAL GUARDS LINE THE ROUTE
LEFT: WELL-WISHERS CHEER THE GOLD STATE COACH

戴冠式に向かうエリザベス女王をのせたゴールド・ステート・コーチ。（戴冠式50周年を記念する大型切手帳より）

THE CROWNING MOMENT

CHT 23　THE CROWNING OF HER MAJESTY QUEEN ELIZABETH IN WESTMINSTER ABBEY, JUNE 2ND. 1953　A TUCK CARD

カンタベリー大司教から、聖エドワード王冠を授けられるエリザベス女王。（絵葉書）

THE CORONATION 1953

1st

戴冠式50周年記念（2003年発行）

エリザベス女王の戴冠式

バッキンガム宮殿から戴冠式が行われるウェストミンスター寺院に向かった行進の先頭は、イギリス近衛旅団の楽隊だった。その後に英連邦諸国の軍隊、各国の首脳や海外の王室を乗せた馬車が続いた。この中には、昭和天皇の名代として参列した、当時19歳の皇太子明仁親王（現、上皇）も含まれていた。そして、その後には、エリザベス女王を乗せたゴールド・ステート・コーチが続いた。英国王室は１００台を超える馬車を所有していると言われているが、最も格式が高いのがこのゴールド・ステート・コーチである。１７６２年にロンドンで作られたもので、周りは金箔で装飾され、重量は4トンにもなる。この馬車は、８頭の馬で牽引された。

戴冠式が執り行われたウェストミンスター寺院は、１０６６年のハロルド2世の戴冠式以来、戴冠式が行われてきた場所である。戴冠式は来賓が見守る中、厳かに進行した。エリザベス女王の戴冠式のメインイベントは、エリザベス女王の戴冠である。カン

74p
EIIR
Devoted to your service
Coronation
JERSEY
2021

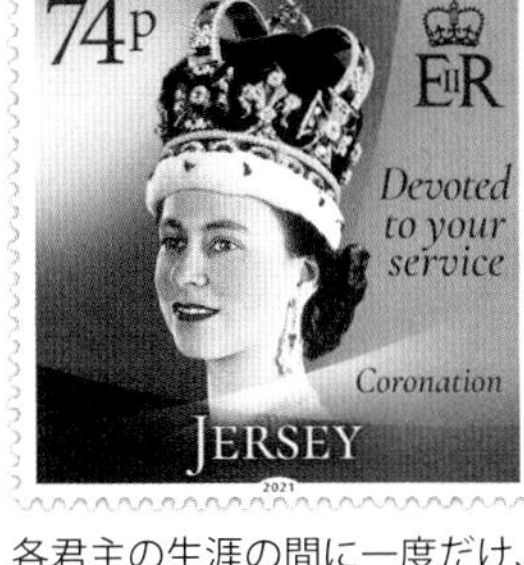

各君主の生涯の間に一度だけ、戴冠式の時に着用する聖エドワード王冠。（生誕90周年、ジャージー2021年発行）

70p
EIIR
Devoted to your service
Coronation
GUERNSEY
2021

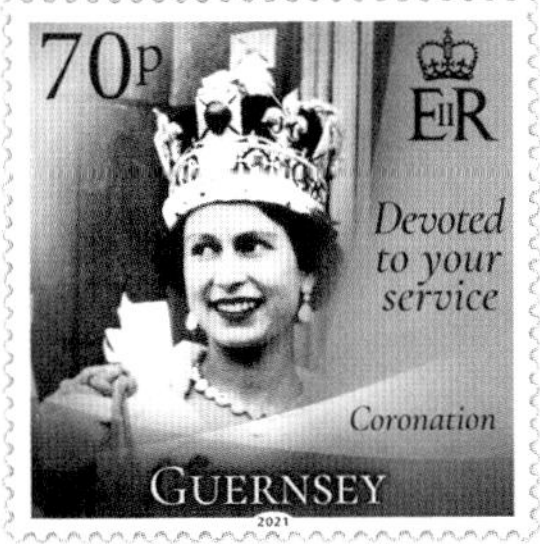

戴冠式後にウェストミンスター寺院から戻る際や、国家行事の際に着用する大英帝国王冠。（生誕90周年、ガンジー2021年発行）

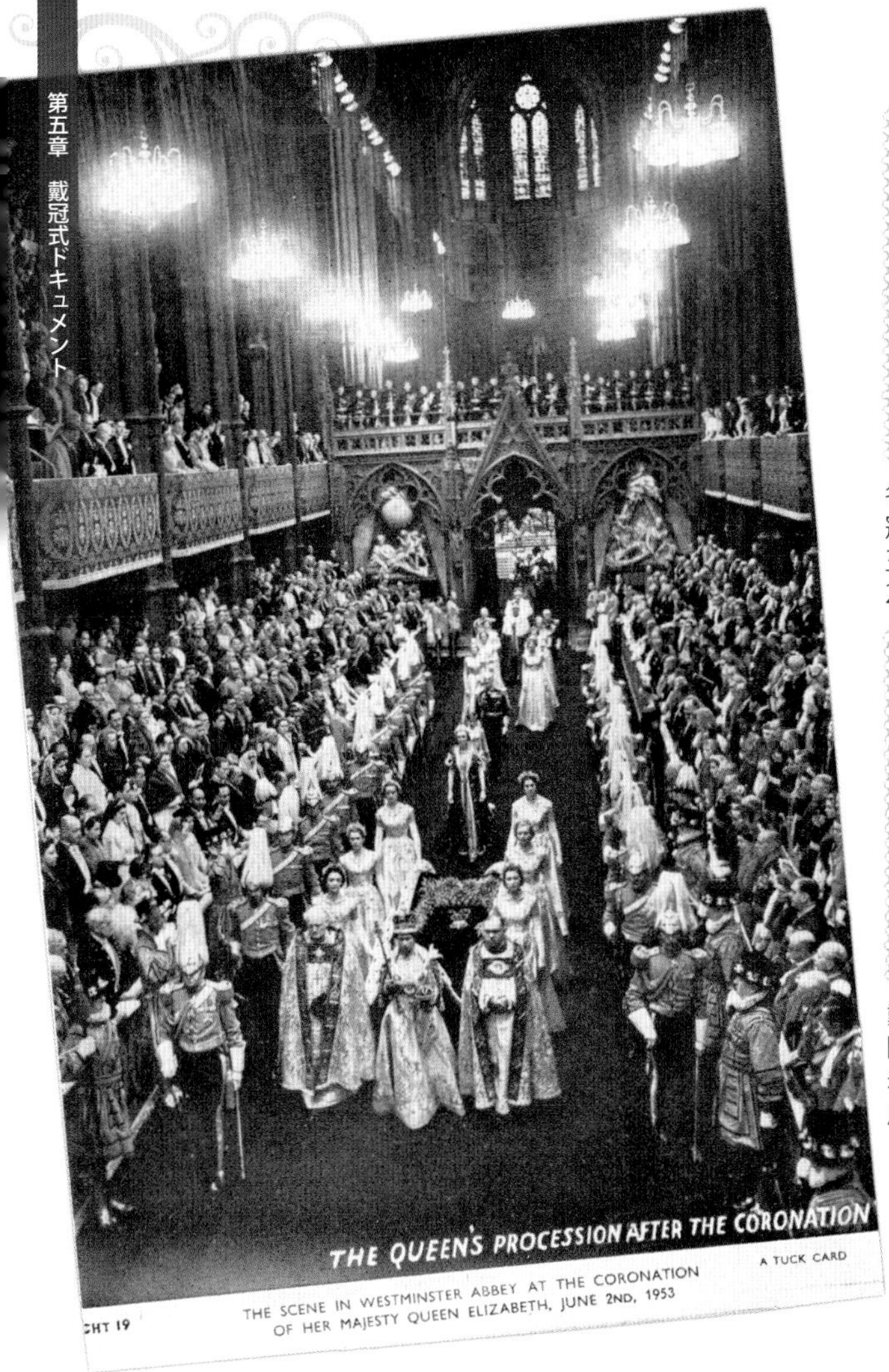
THE QUEEN'S PROCESSION AFTER THE CORONATION
A TUCK CARD
THE SCENE IN WESTMINSTER ABBEY AT THE CORONATION
OF HER MAJESTY QUEEN ELIZABETH, JUNE 2ND, 1953
CHT 19

戴冠式後、ウェストミンスター寺院を退出するエリザベス女王。（絵葉書）

タベリー大司教の手によりエリザベス女王に聖エドワード王冠が授けられると、それに続いて参列した貴族たちも自らの冠を頭にのせた。

この聖エドワード王冠は、1661年にチャールズ2世のために作られたものである。王室の金細工師であったロバート・ヴァイナーの手によるもので、その重さは2.3キログラムにもなるという。この王冠について、後にエリザベス女王は以下のように振り返っている。王冠のサイズは自分の頭にあっているので落ちるようなことはないが、重くて下を向くと首の骨が折れそうになるので、スピーチする際に原稿を見ることができなかった。聖エドワード王冠を授けられる際に、エリザベス女王は両手に2本の杖を持っていた。これらは、イギリス国とイギリス国教会のトップの象徴としての杖である。

戴冠式が終わりに近づくと、聖エドワード王冠は大英帝国王冠に交換された。大英帝国王冠には、ダイヤモンド、サファイア、エメラルド、パールな

On the balcony

The patient crowds waiting outside Buckingham Palace burst into applause the moment the Queen stepped onto the balcony wearing the Imperial State Crown. She was accompanied by the Duke of Edinburgh and her Maids of Honour to watch the salute of the RAF. The fly-past was almost postponed because of poor weather, but eventually a modified display was staged. As the crowds grew during the evening to enjoy the capital's illuminations and fireworks, the Queen and Duke appeared on the balcony again and again to greet the throng. The sixth and final appearance was made close to midnight.

The Mall was a sea of people. You couldn't put a pin between them, all roaring.

戴冠式から戻ったエリザベス女王一家が、バッキンガム宮殿バルコニーから民衆に手を振る様子。
（戴冠式50周年を記念する大型切手帳より）

民衆の歓喜に応えるエリザベス女王一家。（絵葉書）

ど、２８００個の宝石が装飾されている。大英帝国王冠を被ったエリザベス女王は、王位の象徴である王笏と宝珠を手に、ウェストミンスター寺院を後にした。

バッキンガム宮殿に戻ったエリザベス女王は、フィリップ殿下、チャールズ王子、アン王女とともにバルコニーから手を振り、民衆の歓喜に応えた。

戴冠式当日、歓喜に沸く子供たちの様子。
（戴冠式50周年記念、2003年発行）

多くの国から発行された戴冠式記念切手

1953年５月25日にニュージーランドから発行された、５種の戴冠式記念切手。戴冠式の一日を端的に示している。

エリザベス女王の戴冠式は、イギリス本国のみならず、英連邦などの諸外国からも歓迎され、多くの国から記念切手が発行された。

その中でも、戴冠式の一日を端的に示しているのは、1953年5月25日にニュージーランドから発行された5種の記念切手だろう。

戴冠式の日にエリザベス女王一家が出発し戻ったバッキンガム宮殿と、戴冠式が行われたウェストミンスター寺院が、それぞれ2ペンス切手と8ペンス切手に描かれている。3ペンス切手の図案は、王冠を着用したエリザベス女王の横顔である。そして、戴冠式に向かうエリザベス女王が乗ったゴールド・ステート・コーチは4ペンス切手に、戴冠式で女王が授かった聖エドワード王冠と王笏が1シリング6ペンス切手に描かれている。

1953年５月25日にニュージーランドから発行された、５種の戴冠式記念切手の初日カバー。原寸の65％

イギリス本国から発行された戴冠式記念切手

イギリス本国から発行された戴冠式記念切手（1953年6月3日発行）

イギリス本国では、戴冠式翌日の6月3日に記念切手が発行された。また、英領では本国と同じ切手に加刷をすることで記念切手を発行した。一方で、戴冠式の当日である6月2日に記念カバー（封筒などに切手を貼り、記念日の消印を押したもの）を作りたいと思った人は多くいたはずである。戴冠式当日に入手可能なエリザベス女王の時代の切手は、普通切手1½ペンスと2½ペンスのみだったので、戴冠式当日の記念カバーには、主にこれらの切手が使われたと思われる。

イギリス本土での記念切手発行は戴冠式の翌日だったが、前記のニュージーランドに加えて、ニウエ、西サモア、クック諸島、トケラウ諸島では5月25日に記念切手を発行した。これらの国では、ニュージーランド発行切手の一部と同じ図案を使用した。また、オーストラリアでも5月25日に戴冠式記念切手を発行した。

上：エリザベス女王戴冠式記念カバー。記念切手の発行が戴冠式の翌日だったため、貼られている切手は、この時点で発行済だったエリザベス女王の時代の普通切手1½ペンスと2½ペンスのうち、国内書状料金の2½ペンス切手。

下：イギリス本国のエリザベス女王戴冠式記念切手4種の初日カバー。戴冠式の翌日、1953年6月3日に発行された。
（カバーは2点共原寸の40%）

諸外国から発行された戴冠式記念切手

バーレーン／中東に位置する奄美大島よりもやや大きい島嶼国。1953年当時はイギリスの保護国だった。

タンジール／アフリカのモロッコ北部にある港湾都市。長らく国際管理地域とされ、イギリスも在外局を設置していた。

アラブ東部の湾岸地域（マスカット／現オマーン、カタール、アブダビ、ドバイ）／1953年当時はイギリスの保護国だった。
いずれも、イギリス発行の戴冠式記念切手に加刷して1953年に発行された。原寸の70%

ニウエから発行された戴冠式記念切手。
ニュージーランドの記念切手と同じ図案を使用。（1953年５月25日発行）

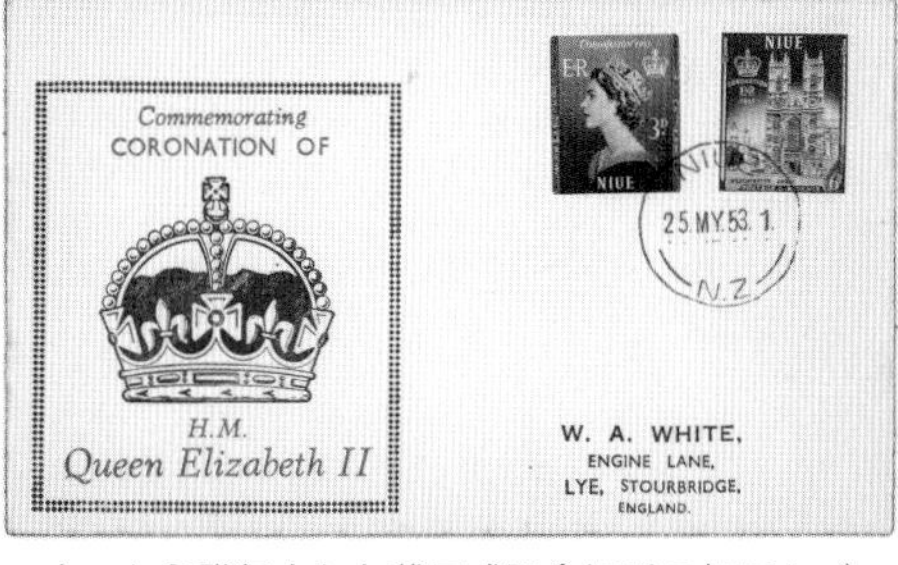

ニウエから発行された戴冠式記念切手の初日カバー。（1953年５月25日発行）原寸の40%

カナダから発行された戴冠式記念切手と初日カバー。（1953年６月１日発行）

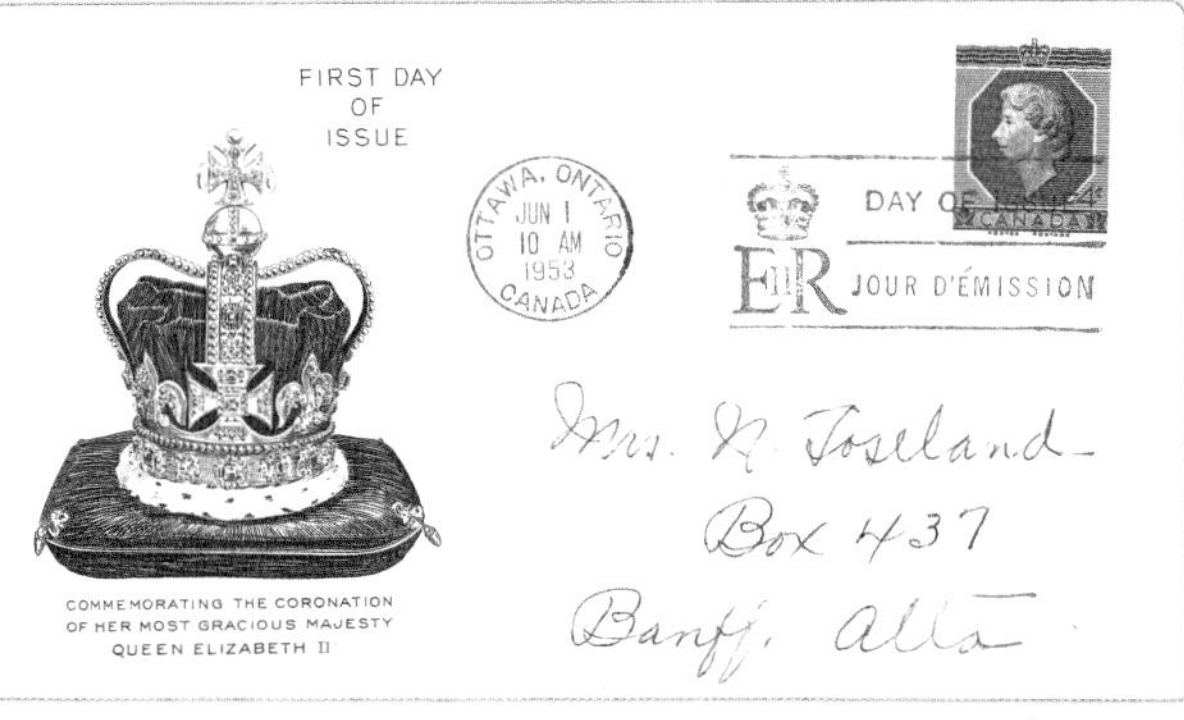

原寸の50%

諸外国から発行された戴冠式記念切手

オーストラリアから発行された戴冠式記念切手と初日カバー。（1953年５月25日発行）

原寸の約45%

南西アフリカから発行された戴冠式記念切手と初日カバー。（1953年６月２日発行）

原寸の40%

1953年、戴冠式記念オムニバス発行（同一テーマで複数の国がほぼ同時期に発行する記念切手）より。戴冠式が行われた1953年６月２日前後に発行された。左からアデン、バミューダ、フォークランド諸島。

戴冠式外伝 ラジオの時代からテレビの時代

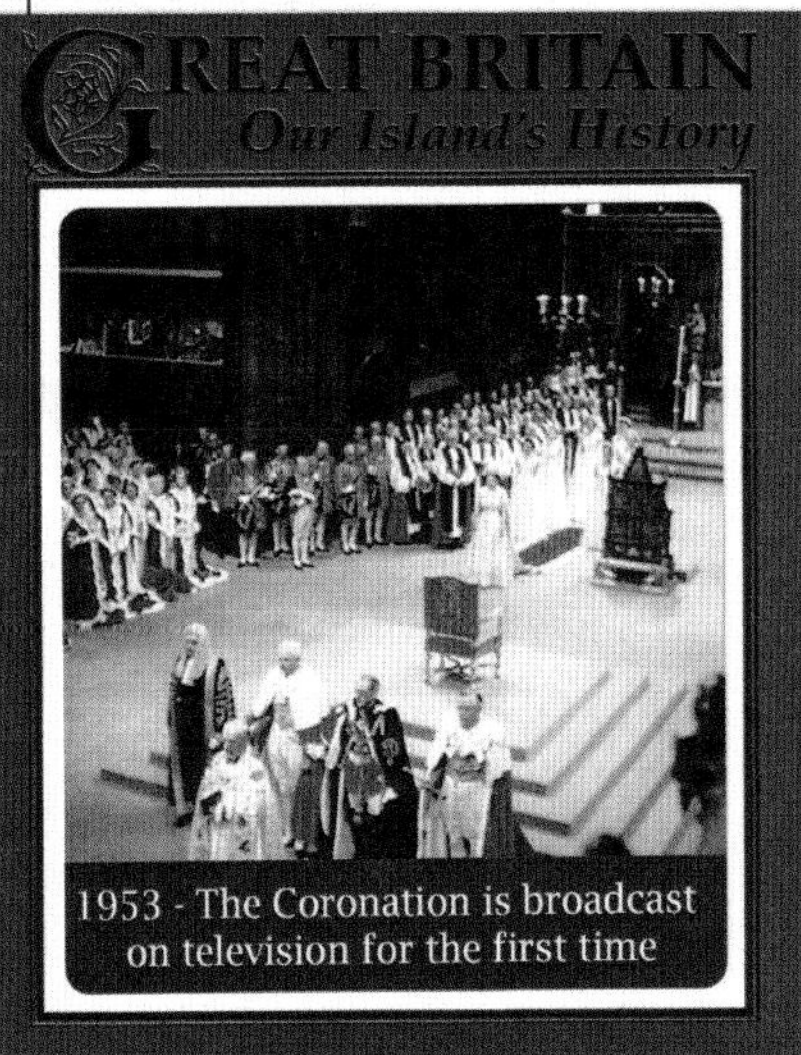

戴冠式テレビ放送60年を記念して作られたタブ付き切手。
2013年6月2日付の戴冠式60年の記念印が押されている。原寸の約45%

エリザベス女王の戴冠式は、イギリスにおけるテレビの時代の始まりを告げる出来事でもあった。戴冠式の様子は、ＢＢＣテレビにより11時間に亘り生放送された。

筆者の切手仲間のイギリス人は、電気技師だった彼の父がテレビを自作し、家族で戴冠式を見たとの思い出を語ってくれたことがある。当時はまだテレビが高く、一般の家庭には普及していなかったのだろう。当日、ロンドンに行くことが出来なかったイギリス国民は、テレビがある家庭では自宅で、そうでない人たちは映画館などに集まり戴冠式の生放送に見入った。この時の視聴者数は、イギリス国民の40%にあたる２０００万人にも上ると言われている。

戴冠式の撮影について、時の首相、チャーチルは否定的だったが、エリザベス女王が強く望んで実現したと言われている。１９４０年10月13日にＢＢＣラジオの『子供の時間』に出演し、一躍、ラジオの時代の王室として名を馳せたエリザベス女王。１９５３年には、テレビの時代が来ることを誰よりも早く予見していたのであろう。

ジョージ６世時代の普通切手

即位１年後から発行が始まった肖像と国章シリーズ（1937〜47年発行）。

コラム

ジョージ6世［1895～1952］

危機の時代の国王

急遽用意された普通切手

エリザベス女王の父であるジョージ6世が即位したのは1936年12月11日のことである。この年の1月20日にイギリス国王に即位した兄のエドワード8世が、いわゆる「王冠を賭けた恋」で退位したための即位で、本人にとっては晴天の霹靂だった。ジョージ6世の時代のイギリスは国力が低下し、アジアやアフリカの植民地が相次いで独立をし、大英帝国の解体が進展した時代だったとともに、第2次世界大戦に突入するという困難な時代でもあった。

ジョージ6世の即位は本人にとって突然のことであったが、イギリス郵政にとっても大ごとであった。1937年5月12日に定められたジョージ6世の戴冠式は、元々エドワード8世の戴冠式予定日であり想定外であった。だが、何としてもそこまでにジョージ6世の普通切手を発行しなくては面目が立たない。ジョージ6世は新普通切手のデザインについて、「エドワード8世のデザインに準ずるのが良いが、もう少し装飾的であることを望む」と郵政に伝えた。これを受けてイギリス郵政は、1937年1月に数人のアーティストにデザインを依頼した。完成したデザインは2月26日に国王に提出され、「デュラックによる肖像画と、これに組み合わせるエリック・ギルによる4つの国を

凹版高額切手

重厚な大型の凹版高額切手（1939〜1948年発行）

1941〜42年、低額６種類の背景の刷色が淡いものに変更。原寸の85％

象徴する国章が選ばれた。

当初、戴冠式の日までに、½ペニー、1ペニー、1½ペンス、2½ペンス4種類の普通切手を発行する計画だったが、1½ペンスは5月13日に戴冠式の記念切手（26ページ）が発行されるため、この額面以外が5月10日に普通切手として発行された。1½ペンス普通切手は遅れて7月30日に発行され、続いて2ペンスと3ペンスが1938年1月31日に発行された。これら6額面の背景は印刷版の深いエッチングを必要とする濃い色だったが、版の摩滅が早いという不具合が生じたため、この後発行された4ペンス、5ペンス、6ペンス切手の背景には薄い色が採用された。さらにその後に発行された7ペンスから1シリングまでの6種類の切手には、6角形の背景が採用された。また、大型の高額切手4額面6種類が、1939年から48年にかけて発行された。

戦時下の物資不足も切手に影響

戦時中の経済対策として、版の摩滅とインキの消費を抑えるため、½ペニーから3ペンスまでの6種類の切手について、1941年から42年にかけて背景が淡い色に変更された。さらに、1950年から51年にかけて、½ペニーから4ペンスまでの6種類の切手の刷色が、万国郵便連合の規定に合わせて改色された。このように、ジョージ6世の時代の切手は、国王の人生をなぞるように、急ごしらえと、戦時下の物資不足の影響を受けたものであった。

ヒラリーによるエベレスト初登頂

1953年５月29日のエベレスト初登頂を記念して、同年10月２日にインドで発行された記念切手の初日カバー。カシェ（封筒に描かれた絵）には、エベレストの頂の上に、登山隊隊長のジョン・ハント大佐を頂点に、右下には登頂に成功したエドモンド・ヒラリー、左下には同じく登頂に成功したテンジン・ノルゲイが描かれている。原寸の65%

そのニュースがイギリスに伝わったのは、奇しくもエリザベス女王戴冠式当日の１９５３年6月2日朝のことだった。

ニュージーランドの登山家エドモンド・ヒラリーとシェルパ族（チベット）のテンジン・ノルゲイが世界初のエベレスト登頂に成功したのは１９５３年５月29日だった。このニュースがイギリスに伝わったのが戴冠式当日の朝である。朝のロンドンにこのニュースが伝わると、戴冠式に集まった人々は、新しい女王へのプレゼントだとの歓喜の声を上げ歓迎した。

エベレスト登頂へのチャレンジは、１９２１年のイギリス山岳会による第1次遠征隊を嚆矢とする。１９２４年、イギリス山岳会の第3次遠征隊でジョージ・マロリーは登頂を目指したが、生還を果たせなかったため登頂に成功したかどうかは未だ不明とされる。それ以来20年弱の間、エベレスト登頂は人類の夢だった。その夢が叶ったという知らせが戴冠式の朝、新しい女王の門出を祝おうと多くの国民が集まったロンドンへ届けられたのである。

エリザベス女王は、エベレスト初登頂を成し遂げたエドモンド・ヒラリーと、登山隊の隊長を務めたジョン・ハント大佐にナイトの称号を、テンジン・ノルゲイにはジョージメダル（勲章）を授与した。

第六章

大英帝国の盟主として

1953年、コモンウェルス諸国の一つ、フィジーを訪問したエリザエス女王。フィジーの少女からブーケを受け取る。

（在位70周年を記念する大型切手帳より）

大英帝国からコモンウェルスへの変遷

エリザベス女王の戴冠式は、第2次世界大戦とその後の緊縮財政という長いトンネルの中にあったイギリス国民にとって、トンネルの先にある一縷の光明を見せてくれた出来事であった。と同時に、大英帝国の終焉の始まりでもあった。

ここで、大英帝国からコモンウェルスへの変遷について概観する。エリザベス女王の高祖母であるヴィクトリア女王が君臨した19世紀、大英帝国は世界最大の帝国であり、多くの植民地を有していた。しかし国力に翳りが出始めた19世紀後半以降、白人が多い植民地には自治権を与えて自治領への移行を進めた。イギリスの国力衰退がより鮮明となったのは第1次世界大戦後、エリザベス女王の祖父であるジョージ5世が国王だった時代で、イギリスの自治領は独立傾向を強めていった。

このような中、1931年、イギリス議会においてウェストミンスター憲章が制定され、海外自治領はイギリス国王の下に位置付けられ、イギリス本土と対等の立場となった。この時に、海外自治領には外交権も与えられ、イギリス本土と海外自治領からなる連合はイギリス国王への忠誠で結ばれた組織となった。

当時の連合メンバー国は、イギリス、アイルランド自由国、カナダ、ニューファンドランド、オーストラリア、ニュージーランド、南アフリカ連邦であり、コモンウェルス（イギリス連邦）と呼ばれた。ただ、この時点で大英帝国は存続し、植民地も有していた。つまり、大英帝国とコモンウェルスが併存していたのである。

※コモンウェルス：旧大英帝国領だった独立諸国が加盟する国家連合。

大英帝国が強大な力を持っていた時代の海外領有地で使われたイギリス郵便。1814〜15年のウィーン会議でイギリスの領有地となったマルタにはイギリス郵便局が設置された。この書状は1874年２月17日にマルタから、イタリアのパレルモに差し立てられたもの。貼られている切手は当時のイギリス切手で、ヴィクトリア女王の肖像が描かれた２ペンス切手である。

ウェストミンスター憲章が制定された1931年当時、イギリス国王であったジョージ５世の肖像。（英国君主／ウィンザー家　2012年発行）原寸の150%

トラファルガーの海戦200年を記念して2005年にイギリスで発行された記念切手。世界最大の大英帝国が絶大な海上覇権を有していた時期の象徴的な海戦。スペインのトラファルガー岬沖でイギリス軍が勝利を収め、ナポレオン１世のイギリス本土上陸を阻止した。

ジョージ5世在位25周年

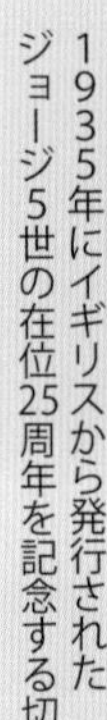

1935年にイギリスから発行されたジョージ5世の在位25周年を記念する切手。

カナダ発行

オーストラリア発行

マルタ発行

南アフリカ発行

南西アフリカ発行

ニュージーランド発行

ジョージ５世が君主だった1931年にウェストミンスター憲章が制定され、イギリス国王への忠誠で結ばれた連合であるコモンウェルスがスタートした。そのジョージ５世が在位25周年を迎えた1935年に、コモンウェルス諸国から発行された記念切手。原寸の約70%

第2次世界大戦以降のコモンウェルス

このような中、第2次世界大戦後、1947年にインドとパキスタンが独立した。特にインドは共和制となりながらもコモンウェルスに残ることを望み、これが1950年に認められた。このことにより、「イギリス国王への忠誠」という文言はコモンウェルスの条項から外された。これによりイギリス連邦王国とコモンウェルスが分離され、コモンウェルスの間口が広げられることとなった。

一方で、1940～50年代、アジアの植民地が次々とイギリスから独立し、さらに1960年代にはアフリカ諸国が独立を進めていった。このような状況下、イギリスは植民地を独立させた上でコモンウェルスに留める方針を進め、多くの独立国はコモンウェルスに留まった。

この時代に君主となったエリザベス女王は、コモンウェルスの首長として、加盟国との繋がりを保ちながら、良好な関係を継続するための努力を惜しまなかった。

本書を執筆している2023年時点で、コモンウェルス加盟国は56ヵ国である。このうち君主制の国家は20ヵ国、残りの36ヵ国は共和制国家である。コモンウェルス首長は歴代イギリス君主が勤めていて、現在はチャールズ3世である。君主制の加盟国20ヵ国のうち、15ヵ国の元首はチャールズ3世で、これらの国をイギリス連邦王国と呼ぶ。

コモンウェルス加盟国の総面積は世界国土面積の21%を占め、人口は世界人口の⅓近くになる。人口で比較するとコモンウェルスは、国際連合、上海協力機構に次ぐ、世界第3位の政府間組織である。

2021年、コモンウェルス・デー（コモンウェルス加盟国の記念日）を祝うメッセージに署名するエリザベス女王。（在位70周年を記念する大型切手帳より）

エリザベス女王一行がニュージーランドに向かう途中に寄った、バミューダ諸島、ジャマイカ、フィジーで発行されたエリザベス女王訪問記念切手。バミューダ諸島は11月26日、ジャマイカは11月25日、フィジーは12月16日の発行。上はバミューダ諸島の初日カバー（原寸の45%）。

ジャマイカ発行

フィジー発行

エリザベス女王のコモンウェルス巡幸

１９５３年6月2日に戴冠式を行ったエリザベス女王は、休む間もなくイギリス連邦王国、コモンウェルス諸国、その他の関連国への巡幸の準備に入った。コモンウェルスの長としてという立場もあったが、それ以上に、１９５２年2月6日の父王ジョージ６世崩御により中断した、オセアニアへのコモンウェルス訪問の再開という意味も強かった。１９５２年のコモンウェルス訪問は父王の名代という立場だったが、今回はコモンウェルスの首長としての立場での巡幸となる。

エリザベス女王とフィリップ殿下一行は、１９５３年11月23日にロンドンを経ち、空路でバミューダ諸島に向かった。一行はバミューダ諸島に2日滞在した後、ジャマイカで3日を過ごし、旅の主な移動手段となる蒸気船「ゴシック号」へと乗り込んだ。

その後、パナマ、フィジー、トンガを経て、12月23日にニュージーランドに到着。そこで年を越し、翌年1月30日まで過ごした。

過密スケジュールと人々の熱狂

ニュージーランドには40日近く滞在したが、休む時間がないほどの過密スケジュールであった。この期間に46の都市を訪問し、実に１１０の行事に出席した。この40日弱の滞在期間中に、ニュージーランドの国民の3/4はエリザベス女王と出会ったと言われている。エリザベス女王の訪問先には常に多くの人が集まり、女王を一目見ようと、女王の車が通り過ぎるのを数時間もの間辛抱強く待った。例えば人口６００のティラニウムには1万もの見物人が

原寸の60%

ニュージーランド発行の
エリザベス女王訪問記念切手と
その初日カバー。記念切手は、エリザベス女王一行が
到着した12月23日より10日以上前の12月９日に発行された。

集まったと言われている。

1953年12月23日にニュージーランドの北端にあるオークランドに蒸気船ゴシック号で到着したエリザベス女王一行は、日々の行事をこなしながら南下し、1954年1月30日に最終目的地のニュージーランド南端のブラフに到着した。一行はブラフから再び蒸気船ゴシック号に乗り、予定にはなかったミルフォード・サウンドに立ち寄った後、オーストラリアに向かった。

エリザベス女王一行は、オーストラリアでも2ヵ月近い長期滞在をした。エリザベス女王を乗せた蒸気船ゴシック号がシドニー港ファーム・コーブに入港したのは1954年2月3日だった。ファーム・コーブは、奇しくも165年前の1788年1月に、後にニューサウスウェールズ総督に任命されたイギリス海軍のアーサー・フィリップが入港した地である。エリザベス女王のシドニー入港の際には、人口180万人の都市に100万人の見

オーストラリア発行のエリザベス女王訪問記念切手とその初日カバー。記念切手は、エリザベス女王一行が到着した日の前日２月２日に発行された。

原寸の40%

原寸の75%

上：ココス諸島から発行されたエリザベス女王訪問50周年記念（2009年発行）。右：1954年のエリザベス女王のココス諸島訪問を記念する記念カバー。原寸の約40%

物人が集まったと言われている。先に述べた通り、1952年のオーストラリア訪問はジョージ6世の崩御により中止されたが、それが2年ぶりに実現したのである。オーストラリア国民は、2年前に国王の名代として訪れるはずだった王女が、自分たちの女王として訪問を実現したことを歓迎し、大いに沸いた。

エリザベス女王とフィリップ殿下一行はオーストラリアでも休む時間もなく精力的に各地を訪れ、オーストラリア滞在の58日間で57の町や都市を訪問した。訪問先はオーストラリア全土にまたがり、北はケアンズ、西はブロークンヒル、南はホバートまでを、飛行機、電車、船、車で移動した。

オーストラリアを4月1日に出港したエリザベス女王とフィリップ殿下一行は、帰路に、ココス諸島、セイロン、アデン、ウガンダ、リビア、マルタを訪問した。マルタではチャールズ王子、アン王女と合流し、そこからは新しいロイヤルヨット「ブリタニア号」に乗り換えてジブラルタルを経由し、1954年5月15日にロンドンに帰着した。実に、半年近い巡幸であった。

ロイヤルヨット・ブリタニア号。
1998年ガンジー発行の５ポンド切手。

イギリスとコモンウェルス諸国の関係を良好に保つため、エリザベス女王はその後も加盟国への訪問を精力的に続けた。その延国数は、1950年代に16ヵ国、1960年代に30ヵ国、

54 • HMAS Australia

Following the Coronation in June 1953, The Queen and Prince Philip embarked on what remains the longest tour undertaken by a reigning monarch – a circumnavigation of the globe by sea and air. The Queen was now Sovereign of not only the UK but also many other realms and territories, as well as Head of the Commonwealth, then a young organisation comprising eight independent nations that had once been part of the British Empire. The Queen made it her priority to visit those parts of the world that had never seen their reigning monarch, including Australia and New Zealand. She returned home via the Indian Ocean and the Mediterranean, where, for the first time, she boarded the new Royal Yacht, *Britannia*.

1954 • Gibraltar

1954 • Newcastle, Austral

1954年、オーストラリアのニューキャッスルを訪問したエリザベス女王とフィリップ殿下。
左下の写真はジブラルタルを訪問した際の写真。（在位70周年を記念する大型切手帳より）

エリザベス女王一行がオーストラリアからの帰路に訪問した、セイロン、ウガンダ、ジブラルタル、アデンで発行されたエリザベス女王訪問記念切手。

１９７０年代に54ヵ国、１９８０年代に42ヵ国、１９９０年代に29ヵ国にも上った。しかし、これ以降は高齢ということもあり、訪問国数は２０００年代に14ヵ国、２０１０年代には3ヵ国と減っていった。

Souvenir First Day Cover

1953　1954

Royal Visit

OF

H.M. Queen Elizabeth II

AND

H.R.H.

The Duke of Edinburgh

TO

B.W.I., Pacific Isles, Australia, New Zealand, Malaya, Ceylon, East Africa, Aden, Malta and Gibraltar.

MALTA　3d　ROYAL VISIT 1954

VALLETTA　MALTA

マルタで発行されたエリザベス女王訪問記念切手の初日カバー。原寸の45%

〈エリザベス女王時代〉
英領・英連邦・コモンウェルスの切手

シンガポール

英領香港

フォークランド諸島（原寸の150％）

ケニア・ウガンダ・タンガニーカ

英領ギアナ

ナイジェリア（原寸の110%）

ベチュアナランド（現ボツワナ）（原寸の120％）

アイツタキ

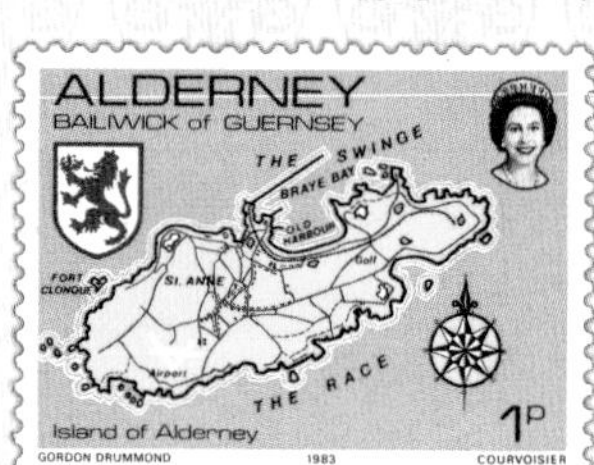

オルダーニー

サウス・ジョージア

英領南極地方

ホンジュラス

バミューダ（原寸の120%）

ヴィクトリア女王時代の普通切手

原寸の200%

1840年　世界で最初の切手、ペニー・ブラック、ペンス・ブルーを発行。

1841年
ペニー・レッド

1841年　白線入り
ペンス・ブルー

1854～58年　目打入り
ペニー・レッド、ペンス・ブルー

コラム

ヴィクトリア女王［1819～1901］一番切手の女王

世界最初の切手の誕生

世界最初の切手は、デザインから、彫刻、印刷の過程を経て、発売に至るまで、たった5ヵ月という短期間で完成された。切手を考案したローランド・ヒルは、「人の顔ほど些細な違いがわかるものはない。したがって、世界最初の切手のデザインには、女王陛下の肖像を使うことを勧める。」と述べた。出来あがった切手はシンプルなデザインで、女王の肖像以外には、偽造防止のための幾何模様と額面のみが表示されたものだった。世界で唯一の切手だったので、国名表示はなかった。君主の肖像で発行国が示されるというのは、世界で最初に切手を発行したイギリスが今日に至るまで持ち続けている特権である。かくして、ヴィクトリアは一番切手の女王となったのである。

世界最初の切手が使われ始めたのは1840年5月6日である。このとき発行された切手は、黒の1ペニー切手と青の2ペンス切手で、それぞれ、ペニー・ブラック、ペンス・ブルーと呼ばれている。いずれも凹版で印刷された。これらの切手の

コーナー・レターとデザインの変遷

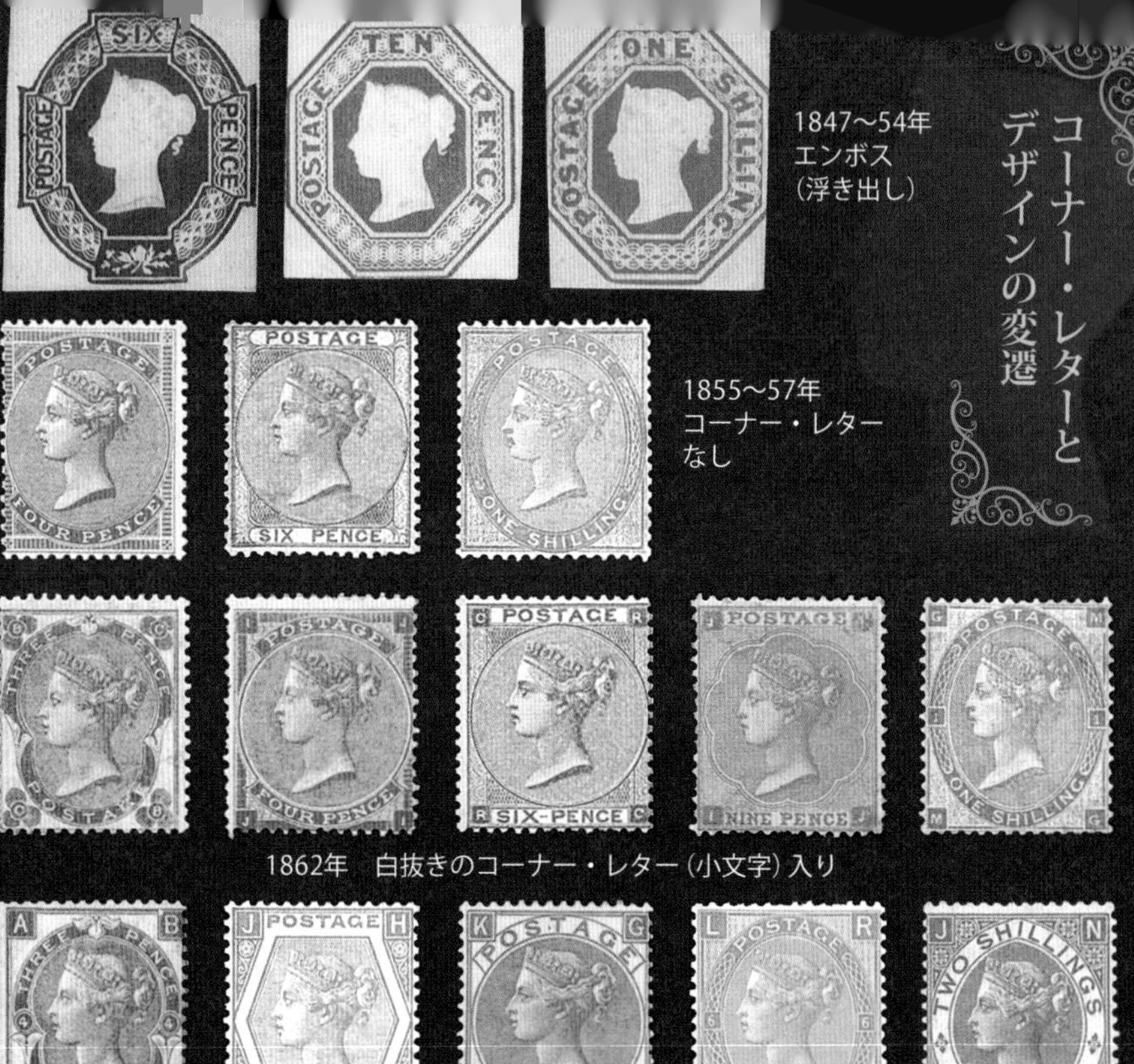

1847～54年
エンボス
（浮き出し）

1855～57年
コーナー・レター
なし

1862年　白抜きのコーナー・レター（小文字）入り

1865～80年　白抜きのコーナー・レター（大文字）入り

再利用防止には現在と同様に消印が用いられ、その色は赤だった。しかし赤色の消印は容易に消せることがわかり、すぐに黒色に変更された。そうすると黒色の切手では消印が見づらいので、1841年2月10日に1ペニー切手の刷色は黒から赤茶に変更された。この切手をペニー・レッドと呼ぶ。また、同年3月13日には2ペンス切手の図案に白線が加えられた。さらに第三章コラム（51～52ページ）に書いたように、1854年2月24日以降は目打が使われるようになった。

コーナー・レターとデザインの変遷

ペニー・ブラックとペンス・ブルーの左右下部にあるアルファベットに気づいた方もいるだろう。これはコーナー・レターと呼ばれ、切手のシート中の位置によって異なるアルファベットが刻印されている。すなわち、シートの左上を「AA」として、右に行くに従い左下側のアルファベットが、下に行くに従い右下側のアルファベットが、ABC…と順に振られた。コーナー・レターの目的は偽造防止である。

また、1947年から54年にかけてヴィクトリア女王の肖像がエンボス（浮き出し）加工された6ペンス、10ペンス、1シリング切手が発行された。やや厚めの紙に印刷され目打もないた

1867～83年　高額　　白抜きのコーナー・レター（大文字）入り

1873～83年　色付きのコーナー・レター（大文字）入り

1880～81年　図案改正シリーズ

1883～84年　にぶ色シリーズ

め、今の感覚だと、切手というよりは、はがきの印面を切り抜いたような印象を受ける。

さらに、1855年からは凸版印刷の切手が製造され始めた。デザインは、ヴィクトリア女王の肖像が中央にあるという従来のものを踏襲しながら、肖像のまわりに様々な模様が描かれるようになった。1855年からのシリーズにはコーナー・レターがなかったが、1862年からのシリーズには白抜きのコーナー・レターが用いられた。このコーナー・レターは1865年からのシリーズでは文字が大きくなり、1873年からは白抜き文字が、色付き文字に変更された。

その後1880年に、切手のデザインは一新された。1880年からのシリーズの低額面には5額面7種の切手が含まれるが、このうち1ペニーを除いてコーナー・レターがない。一方で、1883年からのシリーズではコーナー・レターが復活している。その後、第一章コラム（22～23ページ）に書いたように、1887年からはヴィクトリア女王の即位50年に合わせてジュビリー・イッシューが発行され、そのデザインは、次代のエドワード7世の普通切手に引き継がれた。ジュビリー・イッシューには2色刷の切手が含まれ、コーナー・レターは廃止されている。

〈ヴィクトリア女王時代〉
イギリス植民地の切手

インド

セイロン

シンガポール
（原寸の120%）

ニジェール海岸保護領
（現ナイジェリア）（原寸の150%）

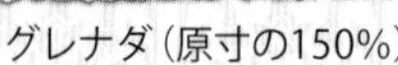

グレナダ（原寸の150%）

フォークランド諸島
（原寸の110%）

セントルシア
（原寸の110%）

ウガンダ

タスマニア

クイーンズランド
（現カナダ）

バンクーバー島
（現カナダ）

マルタ

アンティグア・
バーブーダ

セントビンセント

タークス島

カナダ（原寸の170%）

ホンジュラス

ノバスコシア（現カナダ）
（原寸の150%）

第七章

世界一有名な切手の誕生

November 1965

The Arnold Machin portrait of Queen Elizabeth II, seen on British stamps from 1967, is frequently referred to as a 'classic' – a truly iconic design that clearly takes its inspiration from the world's first adhesive postage stamp, the Penny Black.

…11–99) developed his passion … College of Art and … for Wedgwood. … in the Royal …

Consequently, Machin was among the artists invited to create a new image of The Queen for British postage stamps. He submitted six potential portraits and nearly 70 sketches for new definitive stamps, several of which are clearly based on the Penny Black. Based on this initial work, he was asked to develop … further.

メイチン切手50周年を記念する大型切手帳より（原寸の75%）

サン・マルタン・ル・グランにある郵政庁舎。1909年に使用されているので、トニー・ベンが郵政長官に就任する50年余前の絵葉書。

若き郵政長官トニー・ベンの誓い

1966年、新しい普通切手のデザインを担当していたアーノルド・メイチンは思い通りのデザインが出来ず、壁にぶつかっていた。そんなメイチンが最終的にたどり着いたのがペニー・ブラックであった。「ペニー・ブラックに立ち戻ろう。世界で最初の切手にして、そのデザインはシンプル、かつ、完成度は究極の域に達している。」そして、ようやく新切手のデザインが完成した。1966年末のことだった。

アーノルド・メイチンが新しい普通切手のデザインを完成させる2年前の1964年のことである。毎年7月の第2土曜日にイギリスのダラム市で開かれる労働祭、ダラム・マイナーズ・ガラに参加していた労働党党首ハロルド・ウィルソンは、同党の新進気鋭の政治家トニー・ベンに、労働党が選挙に勝てば君を郵政長官に任命するつもりだと話した。この時を境に、ベンは郵便切手のありかたについて思いを巡らし始めた。その年の選挙で労働党は勝利し、ベンは1964年10月に郵政長官に任命された。郵政長官となった彼は、サン・マルタン・ル・グランにある郵政庁舎の長官室から、世界最初の切手であるペニー・ブラックの生みの親であるローランド・ヒルの像に向かい、切手の新たなデザインの検討に入ることを誓ったのである。

彫刻家アーノルド・メイチン。2007年発行「メイチン切手40周年」小型シートより。原寸の110%

※日本では「マーチン」と表記されることが多いが、本書では本国の発音に合わせて「メイチン」と表記している。

スリー・クオーターから横顔へ

イギリス切手をよりよくするためにどうすべきか考え始めたベンに対し、切手デザイナーのデイヴィッド・ジェントルマンはふたつの提案を行った。ひとつは、記念切手の発行目的を「〇〇記念」のようなイベントに限定せず、イギリスに関わるあらゆるものに広げるべきだという提言だった。「あらゆるもの」とは、歴史、建築、芸術、技術などありとあらゆるものを視野に入れるべきとの意である。

もうひとつは、記念切手に女王の肖像を使うのをやめ、「Great Britain」または「UK」と表記すべきだという提言だった。このふたつの提言に同意したベンは、ジェントルマンに切手デザイン案をアルバムにまとめて提出するように指示した。最終的にジェントルマンの提言は採用されなかったが、アルバムを作ることで新たな課題が炙り出された。それは、ワイルディングによるスリー・クオーター（斜め前）の肖像写真は、記念切手のデザインに取り込むのが難しいということだった。ベンとジェントルマンがこの点について議論した結果、スリー・クオーター肖像よりは、真横を向いた肖像の方がデザインしやすいとの結論に至った。

ベンが郵政長官に就任した後の切手諮問委員会の議題のひとつは、普通切手の新たな女王肖像についてだった。ベンとジェントルマンの議論以前からも、切手デザイナーからはスリー・クオーターの肖像は使いづらいとの不満が出ていた。そこで諮問委員会は、新たな普通切手のための女王肖像画の下絵とサンプル切手デザインの提出を、1965年11月に5人のアーティストに要請した。5人のアーティストは、レジナルド・ブリル、スチュアート・デブリン、デイヴィッド・ジェントルマン、アーノルド・メイチン、ジョン・ウォードだった。デザインの提出期限は2ヵ月後の1966年1月15日で、デザインを考える期間は極めて短かった。予め話を聞いていたジェントルマンとメイチンはデザインを開始していたが、他の3名のアーティストにとっては短すぎる要請だっただろう。

切手デザイナー時代のデイヴィッド・ジェントルマン。「デイヴィッド・ジェントルマンの切手デザイン小型シート初日カバー」の解説カードより。

メイチンが制作したエリザベス女王のコイン

メイチンによるエリザベス女王のコイン(1964年)。女王の義弟であるスノードン卿が撮影した写真を元に、メイチンがレリーフ石膏像を作製し、それがコインのデザインとなった。

コイン用のレリーフ石膏像を原画に

メイチンにはエリザベス女王の横顔のレリーフ石膏像を、コインのために作った実績があった。今回の新切手デザインにも、女王の横顔のレリーフ石膏像を使おうとメイチンは考えた。世界最初の切手であるヴィクトリア女王の横顔をデザインしたメダル、すなわちレリーフが原画だった。この時点で、メイチンはペニー・ブラックを意識し始めていた。

メイチンがコイン用に作ったレリーフ石膏像は、エリザベス女王の義弟である写真家のスノードン卿(妹マーガレット王女の夫)が撮影した肖像写真を元に作られたもので、女王はティアラを着用している。このスノードン卿によるエリザベス女王の写真は、今回のデザインを要請された5人のアーティスト全員に配布された。

メイチンは1月15日の期限までに6枚の肖像下絵を提出し、他の4人よりも遥かに多い70枚近くの切手図案スケッチを制作した。肖像下絵は、スノードン卿の写真を元にした石膏像のイメージだった。また、切手図案をイメージしたスケッチの中には、ペニー・ブラックを強く意識したものもいくつか含まれていた。

左：ペニー・ブラックの原画になった、ヴィクトリア女王のメダル。王室彫刻家ワイオンの作品。通称シティメダル。
右：ペニー・ブラック(原寸の150%)

コイン用のレリーフ石膏像（右向き）を撮影し、裏焼きして左向きにして作った下絵。

1966年１月15日にメイチンが提出したスケッチのうち、ペニー・ブラックを意識したもの。

試作一号は「コイニジ・ヘッド」

まず、メイチンは切手原画用の女王の横顔のレリーフ石膏像を作ったのだが、その準備として、自らがコインのために作った石膏像をベースに、新たな肖像の下絵を作画した。下絵作画に先立ち、メイチンはコイン用のレリーフ石膏像を撮影し、それを裏焼きした。これは、コイン用の右向きのレリーフを、切手用の左向きにするためだった。

左向きにする理由は、横型封筒の右上に切手を貼った際に、女王の顔が封筒の内側に向くようにするためである。この裏焼き写真を元に、メイチンはレリーフ石膏像の下絵を作画した。この下絵は、コインのような円形の枠内に描かれた。また、肖像画の上部にハイライトが追加され、背景に色が付けられた。この肖像画を元に粘土で型を作り、そこに石膏を流し込み石膏の型が作製された。

この石膏の型から最初のレリーフ石膏像が完成したのは１９６６年２月のことである。このレリーフ石膏像はコイン用レリーフ石膏像を元に作られたことから、メイチンの「コイニジ（＝硬貨）・ヘッド」と呼ばれた（次ページ）。

アトリエでのメイチン（メイチン切手40周年を記念する大型切手帳より）原寸の50%

コイニジ・ヘッド（レリーフ石膏像）と試作切手（エッセイ）

1966年３月、メイチンが提出したレリーフ石膏像。コイン同様の丸い枠に収められたところから「コイニジ（硬貨）・ヘッド」と呼ばれている。

1966年４～５月、コイニジ・ヘッドを撮影してハリソン社が準備したフレームに嵌め込んだ試作切手（エッセイ）。当初はイギリス４ヵ国のシンボルを配したが、郵政の賛同が得られず、よりシンプルな案に変わる。

イギリスを構成する国を象徴するシンボル

バラ：イングランド

アザミ：スコットランド

スイセン：ウェールズ

シャムロック：北アイルランド

ここまでの作業は順調に進み、コイニジ・ヘッドは試作切手（エッセイ）作製の段階に進んだ。コイニジ・ヘッド（レリーフ石膏像）は写真撮影され、印刷会社のハリソン社が用意したフレームにはめ込むことでエッセイが作製された。

第四章でも述べたように、この時代のイギリス切手は、郵便切手と収入印紙を兼ねていたので、フレームには郵便を意味する「POSTAGE」と、印紙を意味する「REVENUE」の文字が配列された。また、イギリスを構成する国を象徴するシンボルも配置された。

デザインの簡素化

このようにして作製されたエッセイは、４月から5月にかけて全部で40もの数が作られた。しかし郵政幹部はこれに満足せず、メイチンの「コイニジ・ヘッド」は承認されなかった。トントン拍子に作業は進んだが、切手デザイン採用への道は簡単なものではなかった。

ハリソン社のフレームと合わせたコイニジ・ヘッドが認められなかったため、メイチンは肖像部だけでなく、切手全体のデザインも自ら始めた。こ

ティアラ・ヘッド・エッセイ

デザインを簡素化したティアラ・ヘッド・エッセイ。イギリス構成各国を象徴するシンボルや、「POSTAGE」「REVENUE」の文字を削除し、諮問委員会の承認を得ることができた。ただし、ティアラを王冠に変更するように要請された。また、さまざまなカラートライアルも試作されている。

の時メイチンの頭にあったのは、切手デザインの簡素化だった。

まずメイチンは、ワイルディング・イッシューで使われていたイギリス構成国のシンボルをデザインから削除した。そして、最低限必要な「POSTAGE」と「REVENUE」の文字と、額面として6ペンスを意味する「6d」のみを残したガラス細工によるフレームを作り、これに女王のレリーフ石膏像をアレンジした。これを用いて、新たなエッセイが作製された。エッセイを作製する際には、さらに簡素化を図り、「POSTAGE」と「REVENUE」の文字も削除した。このエッセイは、10月19日にハリソン社により印刷された。このシンプルなデザインのエッセイは、女王がティアラを着用しているレリーフ石膏像が使われていることから「ティアラ・ヘッド」と呼ばれた。

石膏像と肖像写真との比較検討

一方で、メイチンの「コイニジ・ヘッド」の不承認により、切手諮問委員会では代替プランの検討も始まった。代替プランは、ワイルディング・イッシュー同様に写真による女王肖像を採用するというものである。郵政長官のトニー・ベンはこの代替案のためにエリザベス女王に写真撮影を提案し、承認を得た。諮問委員会は、英国王立芸術大学の写真学科長のジョン・ヘッジコーを撮影者として選出した。撮影は6月22日に行われ、ヘッジコーは7月から8月にかけて60枚以上の女王肖像写真を郵政に提出した。

ヘッジコーが撮影した肖像写真に写っている女王は、ティアラを着用しているものもあったが、ペニー・ブラックでヴィクトリア女王が着用し、またワイルディングでエリザベス女王が着用したジョージ4世の王冠を着用

1966年6月、ジョン・ヘッジコーが撮影した女王の王冠姿。掲載の写真が新デザインの原画になったが、撮影ではさまざまな王冠が使用された。

王冠姿の写真をもとにしたメイチンのスケッチ。

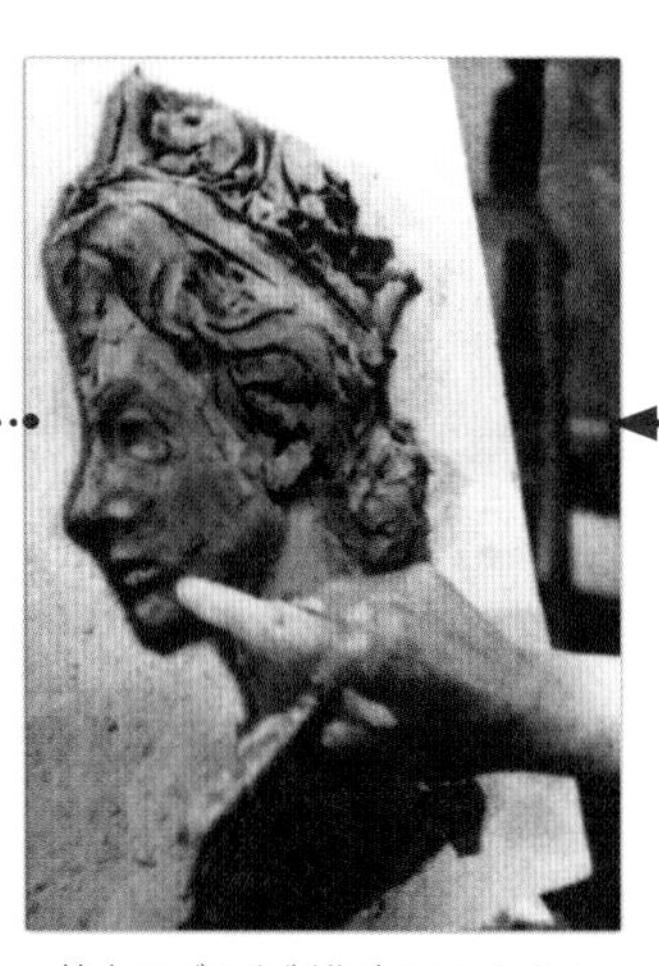

粘土モデルを制作するメイチン。

したものも含まれていた。ヘッジコーの肖像写真はエリザベス女王にも送られ、それに対して女王は、あるものには「good」、あるものには「yes」、そして何枚かには「No」と書いて戻した。

このように、1966年6月からは、メイチンによるレリーフ石膏像（ティアラ・ヘッド）による簡素化された切手デザインと、ヘッジコーの肖像写真が並行して進められた。そして、ハリソン社が印刷したメイチンのティアラ・ヘッドによるエッセイと、ヘッジコーが撮影した王冠を着用したエリザベス女王の肖像写真が、同時に諮問委員会に提示された。諮問委員会は最終的にメイチンのティアラヘッドによるエッセイを選んだが、メイチンに、ティアラを王冠に変更するよう指示した。

ペニー・ブラックに立ち戻ろう

ヘッジコーによる王冠を着用したエリザベス女王の肖像写真を見た時、メイチンの中で、大きなインスピレーションが湧いた。

「ペニー・ブラックに立ち戻ろう。世界で最初の切手にして、そのデザインはシンプル、かつ、完成度は究極の域に達している。」

1966年10月にメイチンが新たに作製したエリザベス女王のレリーフ石膏像は、それまでに作ったものとは全く印象が違うものだった。シンプルであるが、上品、かつ重厚感が備わっていた。新たなレリーフ石膏像のエリザベス女王は、王冠とネックレスを着用している。王冠はペニー・ブラックのヴィクトリア女王が着用しているのと同じ、ジョージ4世の戴冠式のために作られたものである。

このレリーフ石膏像を元に、10月末には、ティアラ・ヘッドと同様にシンプルな、しかし額面のないフレームで

ダイアデム・ヘッド

1966年10月、王冠を被った女王の写真をもとに、メイチンが完成させた石膏像。「ダイアデム・ヘッド（王冠像）」と呼ばれる。

ドレス・ヘッド

「ドレス・ヘッド（着衣像）」と呼ばれる最終的な石膏像。メイチンは「ダイアデム・ヘッド（王冠像）」における肩の部分の鋭い切れ口を消すために、新たに衣裳を加え、最後の修正を行った。

のエッセイ（試作切手）が完成した（次ページ）。このエッセイは王冠（ダイアデム）を着用したレリーフ石膏像が用いられているので、「ダイアデム・ヘッド」と呼ばれた。

このエッセイは関係者から高い評価を得たものの、メイチンは満足していなかった。ダイアデム・ヘッドでは、エリザベス女王の肖像が肩で鋭く切れているのが気に入らず、これを解消したいというのがメイチンの思いであった。このため、メイチンはエリザベス女王にドレスを纏（まと）わせた新たなレリーフ石膏像を作製した。これにより、肩の鋭い途切れは解消し、柔らかい印象のレリーフ石膏像が仕上がった。このドレスを纏ったレリーフ石膏像は、公的文書の中で「ドレス・ヘッド」と呼ばれた。ドレス・ヘッドは様々なライティングで撮影され、そのうちの3種類から多くのエッセイが作製された。その中から選ばれた30点が、１９６７年1月にエリザベス女王に提出された。

写真版の試作

ジョン・ヘッジコーの写真をもとに、ハリソン社が制作した写真版の試作品。

ダイアデム・ヘッド（王冠像）の試作

完成間近のデザインに仕上がったダイアデム・ヘッド（王冠像）を配し、刷色を試したカラートライアル。

ドレス・ヘッド（着衣像）の試作

ドレス・ヘッド（着衣像）は女王にとっても満足のいくデザインだった。この最終案に対し、カラートライアルが行われ、額面の位置が検討されている。

女王も意識した〝ペニー・ブラック〟

エリザベス女王はドレスを纏ったレリーフ石膏像をとても気に入り、「こんなに素晴らしい切手デザインを承認することができて嬉しい」と、この時の郵政長官であったエドワード・ショートに伝えた（トニー・ベンは1966年7月に郵政長官を退任）。そしてエリザベス女王は、国内書状の基本料金である4ペンス切手の刷色を、セピアがかったオリーブ・ブラウン（olive brown with sepia colour）にして欲しいと強く希望したと伝えられている。メイチン同様に、エリザベス女王もペニー・ブラックに強い思いを寄せ、書状基本料金4ペンス切手の刷色をペニー・ブラックに似せたかったのである。大英帝国が繁栄した時代の君主ヴィクトリア女王に、自分も近づきたいとの思いの現れだったのかもしれない。

1967年1月、メイチンによる新普通切手のデザインがエリザベス女王に承認された後、切手印刷の準備が急ピッチで進められた。最初に発行されたのは4ペンス、1シリング、1シリング9ペンスの3額面で、発行日は1967年6月5日であった。世界一有名な切手が誕生した瞬間である。国内書状料金用の4ペンスの刷色は、ペニー・ブラックを彷彿とさせるディープ・セピアであった。

このメイチンによる基本デザインはエリザベス女王が2022年に亡くなるまで使われ、このデザインの普通切手はメイチン・イッシューと呼ばれた。

メイチンと撮影に使用されたカメラ。右は同カメラによるドレス・ヘッドの撮影（反転像）。（メイチン切手40周年を記念する人型切手帳より）原寸の約50%

ペニー・ブラック（右）とメイチン４ペンス（左）。エリザベス女王の強い要望により、国内書状基本料金の４ペンス切手の刷色は、ペニー・ブラックを模してディープ・セピアが採用された。原寸の150%

Mr. J.E. Coates.,
I43, Neckinger Estate,
Bermondsey.
London.　　S.E. I6.

メイチン切手の初日カバー。1967年６月５日に発行された最初の３額面、４ペンス、１シリング、１シリング９ペンスが貼付されている。原寸の75%

メイチン・イッシュー 発行枚数は1750億枚超

プレデシマル・シリーズの誕生

最初のメイチン・イッシュー3額面が発行されたのは1967年6月5日であった。それ以降、エリザベス女王在位中の普通切手デザインは、些細な変更はあるものの、基本は最後まで変更されず、55年余りの期間に多くの普通切手がメイチン・イッシューとして発行された。

最初のメイチン・イッシューは、1967年から翌年にかけて14額面がグラビア印刷で発行された。低額面切手の背景はベタ刷り、中額面切手の背景にはグラデーションがつけられた。また、高額面切手は、イギリスのグラビア切手で初めて2色刷りで印刷された。しかし、エリザベス女王の強い思いで決まった4ペンス切手のディープ・セピアは消印が見づらいため、1969年にオレンジ色に改色された。これに伴い、オレンジ色であった8ペンス切手は、薄青色に改色された。また、1969年には、凹版印刷の高額切手も発行された。

デシマル（10進数）への変更

この時期、イギリスの通貨補助単位は12進数を基本としたもので、12ペンスが1シリング、20シリングが1ポンドだった。つまり、240ペンスが1ポンドに相当した。グラビア印刷切手のシートもこれに合わせて、横12枚×縦20枚の240面だった。これにより、例えば1ペニー切手であれば、1シートの価格が1ポンドとなった。また、凹版高額切手は、横8枚×縦5枚の40面シートに印刷された。これにより1シートの合計額は、2シリング6ペンス切手だと5ポンド、5シリング切手だと10ポンドという具合にキリの良い数字となった。しかし、この通貨補助単位は計算が煩わしいため、1971年2月15日に1ポンドが100ペンスになるように、10進数を基本としたものに変更された。イギリスとアイルランドでは、通貨補助単位が変更された2月15日を、10進数を意味する英語「デシマル」を使って、「デシマル・デイ」と呼んでいる。

額面、シート構成の変更

通貨補助単位の変更に伴い、1971年2月15日に12種類の低中額面の新グラビア切手が発行された。それ以前の切手の額面にはペニー（複数形はペンス）に対して「D」の表記がされていたが、新切手には「P」の表記が使われた。ちなみに「D」は、古代ローマの小額銀貨を意味するラテン語、デナリウス（denarius）に由来する。また、通貨補助単位の変更により、シート構成も横10枚×縦10枚の100面シートに変更された。旧通貨補助単位で発行された切手をプレデシマル、新通貨補助単位で発行された切手をデシマルと呼ぶ。デシマル時代には、郵便料金の改定のたびに新たな普通切手が発行され、多くの種類のメイチン・イッシューが発行された。

また、1971年の通貨補助単位改定に先立ち、前年の1970年6月17日に、10ペンス、20ペンス、50ペンスの凹版高額切手が発行された。新通貨補助単位を意識して、いずれも100面シートで発行された。この時、1ポンド切手デザインの変更はなかったが、シート構成は40面から100面に変更された。

メイチン・イッシュー　プレデシマル・シリーズ

プレデシマル（12進数通貨期）・シリーズ最初の発行

1967〜69年発行
プレデシマル・シリーズ最初の14額面16種類。 4ペンス、8ペンスは1969年に改色された。

プレデシマル凹版高額切手

額面表記〈D〉から〈P〉へ

額面表記の「D」は、古代ローマのデナリウス（Denarius）銀貨に由来し、ペニー／ペンスを表す。イギリスの通貨補助単位は従来12進数を基本としたものだったが、1971年２月15日に10進数を基本とするものが導入された。以後、ペニー／ペンスには「P」の表記が用いられるようになった。

1969年発行
プレデシマル凹版高額切手

19½P
20P
20P
20P
20½P
22P
22P
22P
23P
23P
24P
24P
24P
25P
26P
26P
27P
27P
28P
28P
28P
29P
29P
30P
31P
31P
32P
33P
34P
34P
34P
35P
35P
37P
39P

メイチン・イッシュー　デシマル・シリーズ

1976-91年ハリソン社製・燐光紙より（72種のうち65種）

1970-72年 デシマル凹版高額切手

通貨補助単位改定に対応して発行された凹版高額切手。10から50ペンスの３額面は通貨補助単位改定に先立つ1970年６月17日に発行され、１ポンドは1972年12月６日に発行された。

1977-87年 デシマルグラビア高額切手

1977年から87年にかけて、グラビア印刷による高額切手が発行された。いずれも２色刷り。

第八章

女王の悩み事

ロイヤル・ファミリーを描く切手。
一番下はエリザベス女王と王位継承者たちを描いた小型シートで、
左からチャールズ、女王、ジョージ、ウィリアム。（原寸の75%）

ロイヤル・ファミリーのスキャンダル

11歳で王位継承第一位となり、21歳で自らの人生をイギリスとコモンウェルスの人々に捧げると宣言したエリザベス女王は、宣言通りに公務に全精力を傾けた。イギリスの国内政治や、時代にあったイギリス王室のあり方など、様々な面から、自らがどう行動すべきかを考え、幾多の困難を乗り越えてきた。

そんなエリザベス女王は、プライベートでも多くの困難に見舞われた。現イギリス国王チャールズ3世の最初の妻であるダイアナ妃の事故死は、その中でも王室そのものを揺るがすほどの出来事であった。本章では、エリザベス女王の家族、ロイヤル・ファミリーに関することを見ていきたい。

マーガレット・ローズ王女の悲恋

エリザベス女王の戴冠式から12日後の1953年6月14日、イギリスの大衆紙『ザ・ピープル』は、「彼らは今すぐ否定すべきである」(They Must Deny it NOW)というセンセーショナルな見出しの記事を掲載した。記事には「全くの偽り」と前置きした上で、「マーガレット王女に関するスキャンダルな噂が世界中を駆け巡っている」と書かれていた。この「スキャンダルな噂」とは、当時22歳だったマーガレット王女(エリザベス女王の妹)と、16歳年上のピーター・タウンゼント空軍大佐の男女関係に関するものであった。そして、この噂は「全くの偽り」ではなかった。

エリザベス女王が21歳の誕生日にBBCラジオでバースデー・メッセージを発したのは、ジョージ6世一家が初めて南アフリカを訪問した時のことだった。この時、国王の侍従武官として同行してい

1947年にジョージ6世一家が南アフリカを訪問した際の記念切手を貼った初日カバー。1947年2月17日発行。この南アフリカ訪問に、マーガレット王女の恋愛相手となったピーター・タウンゼント空軍大佐も同行した。原寸の65%

THE ROYAL WEDDING 6 MAY 1960
PRINCESS MARGARET AND MR. ANTONY ARMSTRONG-JONES WITH THE BEST MAN AND BRIDESMAIDS

マーガレット王女とアンソニー・アームストロング＝ジョーンズの結婚写真（絵葉書）。

たタウンゼント大佐は、毎朝マーガレット・ローズと乗馬を共にし、彼女は次第にタウンゼント大佐に心を寄せるようになっていった。この時、マーガレット・ローズは17歳である。しかし、タウンゼント大佐には妻と二人の子があった。許されぬ恋である。その後、１９５２年11月にタウンゼント大佐は離婚し、マーガレットとの関係が深まっていった。かくして、１９５３年６月14日の『ザ・ピープル』の記事へとつながる。

事を収めるために、時の首相チャーチルは、タウンゼント大佐をベルギー駐在としブリュッセルへと赴任させた。大佐は１９５５年に帰国したが、政府首脳と王族はタウンゼント大佐と結婚するのであれば、マーガレット王女から王位継承権や王族としての年金受給権を剥奪すると告げた。マーガレット王女は周りの反対に抗えず、この年の10月31日、BBC放送でタウンゼント大佐とは結婚しないという声明を発表した。姉のエリザベス女王に迷惑をかけられないという思いもあったのだろう。

その後、マーガレット王女は、ファッション写真や王室写真家として活躍するアンソニー・アームストロング＝ジョーンズと１９６０年５月６日に結婚、長男デイヴィッド、長女セーラの2子をもうけた。しかし、ファッション業界で生きるアンソニーの乱れた生活に悩まされ、18年後の１９７８年、離婚した。

この頃から、マーガレット王女の健康が思わしくない方向に傾いていく。若い頃からの喫煙と飲酒の影響で、１９７０年代から徐々に体調を崩し、１９８５年には左肺の一部を切除する手術を受けた。その後、何度かの脳卒中を経て、父ジョージ6世の死去50周年から3日後の２００２年２月９日、71歳で逝去した。

エリザベス女王と幼い頃から仲が良かったマーガレット王女は、このように、必ずしも幸せとは言えない生涯を送ることとなった。愛する妹の薄幸な人生は、エリザベス女王にとって、生涯、心の奥深い部分に影を落としていただろう。

チャールズ王太子とダイアナ妃

一方で、エリザベス女王とフィリップ殿下は、4人の子宝に恵まれた。第1子・長男チャールズは1948年11月14日、第2子・長女アンは1950年8月15日、第3子・次男アンドルーは1960年2月19日、第4子・三男エドワードは1964年3月10日に誕生した。4人とも結婚をしたが、離婚経験がないのはエドワード王子だけで、3人が離婚経験者である。このことも、エリザベス女王にとっての悩みの種だっただろう。

チャールズ王太子と離婚したダイアナがパリで事故死したのは、1997年8月31日のことだった。パパラッチによる過剰な追跡から逃れるため、法定速度を上回る速さで走っていた自動車に乗っていた結末だった。

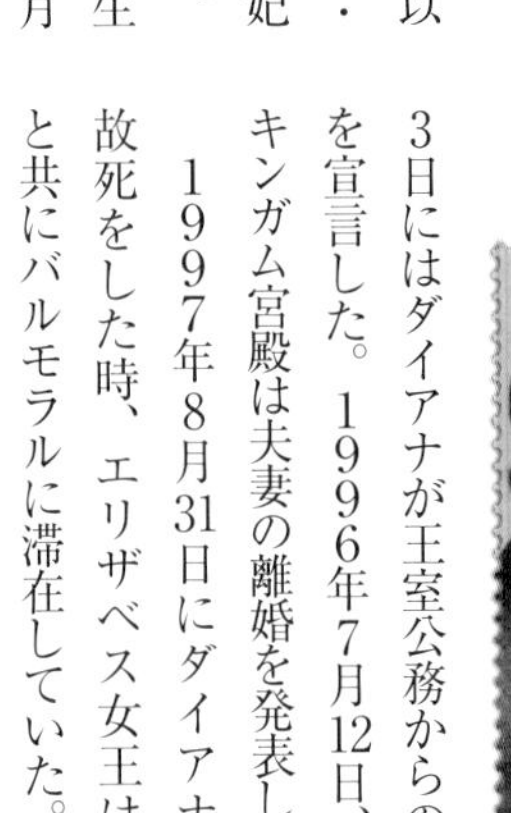

エリザベス女王とチャールズ王太子（ニュージーランド、1950年発行）

多くの女性と噂のあったチャールズ王太子は、1981年2月6日、レディー・ダイアナ・スペンサーにプロポーズし、同年7月29日にセント・ポール大聖堂で結婚式を挙げた。ダイアナ人気は絶大で、ふたりの結婚式は、エリザベス女王の戴冠式以来と言われるくらいに国民の歓迎を受ける出来事となった。しかし、ダイアナ妃は王室のしきたりに馴染めず、ふたりの関係は、結婚後間もなく急速に冷めていった。ダイアナ妃は後に、「次男ヘンリーが生まれた時には、ふたりの関係は終わっていた」と述べている。

この頃から、チャールズ王太子は、以前に付き合いのあったカミラ・パーカー・ボウルズとの交際を再開し、ダイアナ妃も夫以外の男性との交際を始めていた。ふたりは1992年12月9日に別居生活に入ることを正式に発表し、翌年12月3日にはダイアナが王室公務からの引退を宣言した。1996年7月12日、バッキンガム宮殿は夫妻の離婚を発表した。

1997年8月31日にダイアナが事故死をした時、エリザベス女王は家族と共にバルモラルに滞在していた。事故

チャールズ王太子成婚（1981年発行）

チャールズ王太子再婚（2005年発行）

後、エリザベス女王は数日間沈黙を続け、バルモラルに籠っていた。イギリスの各新聞は、王室を離れても根強かったダイアナ人気を背景に、エリザベス女王の態度を批判し、国民もマスコミを支持した。国民とマスコミの声はどんどん高まり、王室の危機にまで発展しかねない事態となった。このような中、エリザベス女王はバッキンガム宮殿に国旗による半旗を掲げることに同意し、ダイアナの葬儀の前日、9月5日に家族と共にバッキンガム宮殿に戻った。この日の午後6時から、エリザベス女王はダイアナへの哀悼の意を伝えるメッセージをBBCテレビで語り、国民とマスコミの理解を得ることができた。ダイアナの葬儀は、この翌日、9月6日に執り行われた。

ダイアナ元妃追悼
（1998年発行）

オリンピックにも出場したアン王女

アン王女は、エリザベス女王の4人の子供のうち、唯一の女性である。馬術などのスポーツに長けていて、1976年のモントリオールオリンピックに出場している。1973年に、ミュンヘンオリンピックの馬術金メダリストであるマーク・フィリップス大尉と結婚し、ピーターとザラの2子を授かっている。ザラも馬術に長けていて、2012年ロンドンオリンピックで、イギリス馬術チームの一員として銀メダルを獲得している。

このように書くと、アン王女は幸せな生涯を送ったように聞こえるかもしれないが、必ずしも順風満帆な人生を歩んだわけではない。1992年4月23日にマーク・フィリップスと離婚し、半年後の12月12日にティモシー・ローレンス海軍中佐と再婚した。このタイミングが、チャールズ王太子とダイアナ妃の別居とも重なり、イギリス王室へのバッシングが巻き起こった。王室批判の報道は、イギリスにとどまらず、世界中を駆け巡った。

悪いことは重なるもので、1992年11月20日にはウィンザー城で火災が発生し、115室が消失した。火災原因は、ウィンザー城内の個人礼拝堂でのライトの不具合と考えられ、消火に15時間を要した。この年はエリザベス女王の即位40年となるが、その記念スピーチの中で女王は、この年のことを「アナス・ホリビリス」（annus horribilis ラテン語で「ひどい年」の意）と総括するほどであった。

アン王女
（ニュージーランド、1952年発行）
アン王女成婚（1973年発行）

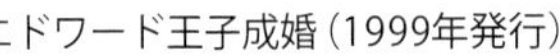
エドワード王子成婚（1999年発行）

アンドルー王子成婚
（1981年発行）

右：アンドルー王子（ニュージーランド、1963年発行）

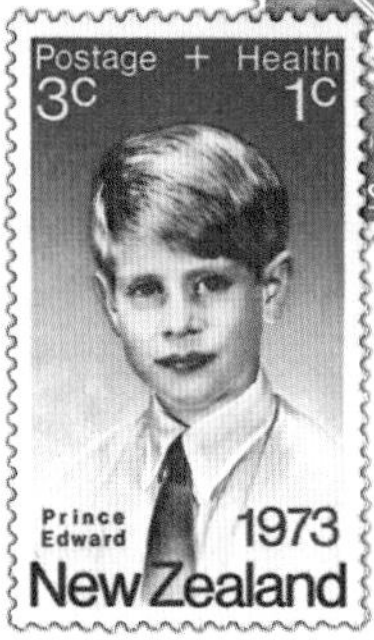

左：エドワード王子（ニュージーランド、1973年発行）

アンドルー王子とエドワード王子

第3子であるアンドルー王子は、エリザベス女王のお気に入りと言われているが、悩みの種でもあった。１９８６年７月23日にセーラ・ファーガソンと結婚をし、ベアトリスとユージェニーというふたりの娘を授かるが、女王が「アナス・ホリビリス」と呼んだ１９９２年に別居を決め、１９９６年には離婚を発表した。

女王を悩ませたのは離婚だけではない。２０１４年12月19日、アンドルーが児童買春の疑いでアメリカのフロリダ州セストバームビーチ地裁で訴えられた。イギリス王室は全くの虚偽であるとの声明を2度にわたり発表したが、社会の理解を得ることはできなかった。

さらにＢＢＣが２０１９年11月19日に放送したインタビューでの不誠実な受け答えに対し、多数の企業がアンドルー王子との関係破棄を決定した。この月の21日、アンドルー王子は王族としての公務から退き、２３０あった後援団体からも身を引くことを発表した。２０２２年１月12日には、ニューヨーク州南部地区連邦地裁により、アンドルーの審理却下請求が無効とされ、翌13日、アンドルーは軍の名誉職と慈善団体などの後援者としての役職を女王に返還し、王室メンバーとしての地位を全て失うこととなった。現在、アンドルーは、王室所有のロイヤル・ロッジにて隠遁生活をしている。

第4子であるエドワード王子は、4人の子供たちの中で、唯一、エリザベス女王を大きく悩ますことがなかった子供である。エドワード王子は１９９９年にテレビ業界の経営者ソフィー・リース＝ジョーンズと結婚し、２００３年11月8日に長女ルイーズ、２００７年12月17日に長男ジェームズが誕生した。

この様に、エリザベス女王は君主としての苦労に加えて、家族の悩み事も抱えながらも、70年に亘る女王という仕事を全うしたのである。

エドワード８世時代の普通切手

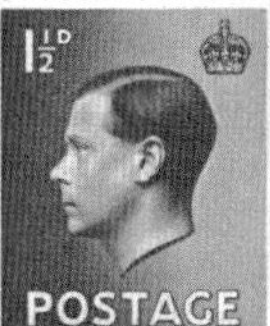

エドワード８世の時代に発行された切手。在位期間が短かったため、低額４種の普通切手のみ。

エドワード８世の時代の切手４種のうち、1936年９月１日に発行された３種の初日カバー。原寸の90％

コラム

エドワード8世［1894〜1972］

王冠を賭けた恋

在位期間はわずか325日

第一章で述べた通り、エリザベス女王の叔父であるエドワード8世は、ジョージ5世の崩御に伴い1936年1月20日にイギリス国王に即位するも、英王室の反対を押し切ってウォリス・シンプソンと結婚するため、1936年12月11日に退位した。いわゆる、「王冠を賭けた恋」である。在位期間はわずか325日で、戴冠式は行なわれなかった。

在位期間が短かったため、このエドワード8世の時代の新切手は、低額4種の普通切手が発行されたのみである。発行日は、½ペニー、1½ペンス、2½ペンスの3額面が1936年9月1日、1ペニーが9月14日である。

1936年7～8月に作製されたエッセイ。
戴冠式エッセイ（Coronation Essay）と呼ばれている。

1936年9月7日に製造されたエッセイ。
最初の低額3種が発行された後のエッセイ。
戴冠式エッセイ（Coronation Essay）のひとつ。

ジョージ5世の時代の普通切手と比べてシンプルで、グラビア印刷の再現性が高いデザインだと言われている。

試行錯誤の上発行された4種

このように低額面が4種発行されただけで、次のジョージ6世の時代の切手がすぐに発行されてしまい、エドワード8世の時代の切手は短命に終わった。

しかし、そのデザインは他の時代の切手同様に多くの試行錯誤がなされて、決定している。実際の切手図案決定に際しては、スリー・クォーター肖像とプロファイル（横顔）肖像が検討され、背景についても様々なものが検討された。切手デザインを決める段階でエッセイ（試作切手）が製造されるが、ここでは、その一部を図版で紹介する。

第九章

エリザベス女王と日本

東宮御所を訪れた英国のエリザベス女王に、庭の花をプレゼントされる紀宮さま（1975年5月9日）。
写真提供：時事通信社

皇居・宮殿「豊明殿」において、宮中晩餐会で乾杯されるエリザベス女王（左）と天皇陛下（1975年5月7日）。写真提供：時事通信社

大歓迎を受けたエリザベス女王の訪日

1975年5月7日、国賓として来日したエリザベス女王とフィリップ殿下は、昭和天皇・香淳皇后両陛下主催の宮中晩餐会に招かれた。100人は越すであろう日英の関係者が着席した皇居宮殿の豊明殿の上座には、天皇皇后両陛下の右隣にはエリザベス女王が、左隣にはフィリップ殿下が、そしてその両脇に、皇太子明仁親王と美智子皇太子妃が着席した。

エリザベス女王は立ち上がると「陛下」（Your Majesty）と述べ左に座る天皇陛下に会釈をすると、昭和天皇も右を向いて会釈で応えた。6分ほどのエリザベス女王のスピーチは、日本へのリスペクトと、両国の友好関係のさらなる発展を願うものだった。スピーチの最後に、女王が乾杯のために全員に起立を促した後、厳かに君が代の演奏が始まった。君が代の演奏が終わると、エリザベス女王は赤ワイングラスを、昭和天皇はシャンパングラスをもち、盃が交わされた。

イギリスの君主が日本を訪れたのは、このエリザベス女王の訪日が初めてであった。しかし、日本の皇室とイギリスの王室の関係には長い歴史がある。その前史として、1613年の東インド会社貿易船の日本への来港が挙げられる。イギリス国王ジェームズ1世は東インド会社貿易船のジョン・セーリス船長に、天皇に代わり日本を統治していた徳川家康に親書と贈答品を託し、日本との交流を開始させた。しかし、日本は1639年に鎖国を始めたため、その後、日本とイギリスの交流は200年以上に亘り途絶えた。

明治天皇時代から続く親密な交流

日本皇室とイギリス王室の交流は、1869年9月のエジンバラ公アルフレッド王子の訪日を嚆矢(こうし)とする。アルフレッド王子はヴィクトリア女王の次男で、これが欧州諸国王族の初めての訪日と言われている。当時24歳のアルフレッド王子は16歳の明治天皇に謁見をし、明治天皇から室町時代の甲冑を贈られた。

さらに1881年10月、ヴィクトリア女王の孫で後にイギリス国王となるジョージ王子は、兄のアルバート王子と共に戦艦バカンテ号の海軍士官候補生として訪日し、明治天皇に謁見した。王子たちの家庭教師による公式日記には、ふたりの王子は日本滞在中に両腕に刺青を彫ったと記されている。

日本の皇族の中では、昭和天皇がイギリス王室との深い交流を持った。後に昭和天皇となる皇太子裕仁親王は、1921年5月7日から30日にかけてイギリスに滞在した。この際に、裕仁親王は、バッキンガム宮殿で国王ジョージ5世のもてなしを受けた。皇太子裕仁親王は、昭和天皇となってからこの時のことを、「ジョージ5世から立憲政治のあり方について聞いたことが終生の考えの根本にある」と述べている（1979年、那須御用邸にて）。

燕尾型正服姿の明治天皇
（20歳頃の写真＊）

24歳当時のエジンバラ公
アルフレッド王子

ヴィクトリア停車場における皇太子裕仁親王（昭和天皇）とジョージ５世（東宮殿下は英帝陛下と共に停車場プラットフォームに於て近衛儀仗兵を御親閲遊ばさる）～皇太子殿下御渡欧記念写真帖 第４巻～NDL Digital Collectionsより

1881年、戦艦バカンテ号で航海中の、海軍の制服を着たアルバート王子（当時17歳）とジョージ王子（当時16歳／後のジョージ５世）。
写真提供：PPS通信社

＊明治５年４月、内田九一撮影。（写真：『明治天皇の大日本帝国』より／ CC-PD-Mark ／ Wikimedia Commons）

1921年5月、皇太子裕仁親王（昭和天皇）の訪英。ウィンザー城（宮殿）へ向かう皇太子裕仁親王と閑院宮、英王太子エドワード。（絵葉書）原寸の80%

話は逸れるが、皇太子裕仁親王のイギリス訪問は、1921年3月3日から9月3日までの6ヵ月間に亘るヨーロッパ歴訪の一環であった。この時の遣欧艦隊は、裕仁親王御召艦「香取」と供奉艦で旗艦の「鹿島」によるもので、これら2艦はいずれもイギリスで建造されたものであった。国産戦艦を使わずにイギリス建造艦を使ったのは、日英の良好な関係を示す証左と言えよう。日本の皇太子がヨーロッパを訪問したのはこれが初めてであった。

皇太子裕仁親王がイギリスを訪問した翌年の1922年4月、その答礼としてエドワード王太子（後のエドワード8世）はイギリスの王太子として初めての訪日を果たした。裕仁親王がイギリスを訪問した際に東京でゴルフをする約束をしたことから、東京の世田谷区駒沢で日英親善ゴルフ大会が開催された。

日本皇室とイギリス王室の関係は、その後、お互いの親善訪問、即位式や戴冠式などの記念式典への出席を重ね、深

裕仁親王御召艦「香取」

左：皇太子殿下御帰朝記念（日本、1921年発行）。ヨーロッパ歴訪に使われた裕仁親王御召艦「香取」（手前）と、旗艦「鹿島」を描く。

日英親善ゴルフ大会。ドライバーを片手にポーズをとるエドワード王太子と皇太子裕仁親王（1922年4月19日）。写真提供：PPS通信社

1922年4月に来日したエドワード王太子（中央）の貴重な法被姿。

いものとなっていった。しかしこの関係は、日本とイギリスが第2次世界大戦で敵国同士になったことで途絶えてしまった。昭和天皇はイギリスのガーター勲章を授かっていたが、1941年の日英開戦によりその栄誉は剥奪された。ガーター勲章はイングランドの最高勲章で、1348年にエドワード3世により創設されたものである。ガーター勲章が授与されるのは英国民で24人以内と、それに加えてイギリス王室や外国君主に特別枠が設けられている。

戦後の関係回復までの長い道のり

第2次世界大戦後、日本とイギリスの関係回復には、日本皇室とイギリス王室が大きく関わったが、その道筋は容易ではなかった。第2次世界大戦後、イギリスは、った国との関係回復として、イギリスは、まず欧州内での関係回復を進める必要があった。イタリアについては、1958年にエリザベス女王がジョヴァンニ・グロンキ大統領をイギリスに招き、それに返す形で女王が1961年にローマを訪問することで関係を回復した。一方で、西ドイツについては少し時間がかかった。イタリアと同じ1958年に、西ドイツのテオドール・ホイス大統領をイギリスに招いたものの、イギリスの国民感情への配慮から、女王の西ドイツ訪問は1965年まで待たねばならなかった。

日本については、皇太子明仁親王（現、上皇）が1953年のエリザベス女王戴冠式に参列したものの、皇室外交という意味では欧州以上に「地ならし」が必要だった。1961年11月に、まず、エリザベス女王の従妹であるアレクサンドラ王女が国賓として来日した。この訪問が、第2次世界大戦後、初めてのイギリス王族の訪日である。この翌年に秩父宮妃が返礼訪英し、戦後の日本皇室と英王室の交流、皇室外交が再開した。この時、エ

エリザベス女王の戴冠式に臨席した皇太子明仁親王（最前列の左から4人目）（1953年６月２日）。
写真提供：朝日新聞社／時事通信フォト

左：皇太子殿下御帰朝記念（日本、1953年発行）

リザベス女王には大勲位菊花章頸飾・同大綬章が授けられた。また、1969年9月には、英国フェアに参加するため、エリザベス女王の妹マーガレット王女が、夫のスノードン卿と共に公賓として訪日した。その後も、多くのイギリス王族が来日した。

ここまでの地ならしを経て、1971年10月に昭和天皇と香淳皇后がイギリスを訪問することが決まった。この際に、1941年の日英開戦により剥奪された昭和天皇のガーター勲章が、訪問に先立つ1971年5月に復活された。昭和天皇が渡英した際には、昭和天皇はガーター勲章を、エリザベス女王は大勲位菊花大綬章をそれぞれ佩用（はいよう）し、日英の関係回復を世界に印象付けた。

そして、1961年のアレクサンドラ王女の訪日から始まって14年の年月をかけ、ようやく1975年5月のエリザベス女王とフィリップ殿下の訪日に繋げることができたのである。5月7日から6日間の滞在では、先に述べた宮中晩餐会

天皇皇后両陛下御訪欧記念（日本、1971年発行）。原画となったのは、香淳皇后（良子）画の「海の彼方」。

右：バッキンガム宮殿での晩さん会にて、左からフィリップ殿下、エリザベス皇太后、香淳皇后、昭和天皇、エリザベス女王（1971年10月５日）。
写真提供：時事通信社

名古屋から新幹線「ひかり100号」で東京に向かうエリザベス女王とフィリップ殿下（国鉄名古屋駅）（1975年5月12日）。写真提供：朝日新聞社／時事通信フォト

やパレードの後、京都御所や伊勢神宮を訪問し、帰りはエリザベス女王の強い希望で、東海道新幹線を使って東京に戻られた。

受け継がれる両国の絆

1975年の訪日に際しての印象に残ったこととしてエリザベス女王は、君主について天皇陛下から教えを受けたことを挙げている。君王は最終的な決断をせねばならず、その全責任を負わねばならぬ孤独なものであるという教えである。エリザベス女王は、この立場を一番理解しているのは在位50年の昭和天皇をおいて他にはないと、その言葉の重みを十分に感じていた。

1921年に訪英し、エリザベス女王の祖父ジョージ5世から立憲君主について教えを受けた昭和天皇は、その教えを半世紀の年月を経て、1975年のエリザベス女王訪日の際に、孫のエリザベス女王に返したのである。

ABOVE: Stallholders at a Hong Kong market chat with The Queen during her 1975 visit to the colony.

LEFT: In 1975, The Queen and Prince Philip were guests of Japan's Emperor Hirohito as they enjoyed tea at Kyoto's Katsura Imperial Villa.

FAR RIGHT: West meets East: The Queen's historic state visit to China in 1986 included a trip to the Great Wall at the Badaling Pass.

京都の桂離宮で野点を楽しむエリザベス女王とフィリップ殿下。裏千家十六代家元、宗玄室が女王にお茶を振る舞った。（在位70周年を記念する大型切手帳より）

おわりに

2022年9月9日朝、日本のテレビでもエリザベス女王崩御のニュースが報じられた。崩御2日前の9月6日には、夏期滞在中のバルモラル城で、ボリス・ジョンソン首相の辞表の受領と、新首相リズ・トラスの任命式を執り行ったばかりで、急な悲報に筆者は大きな喪失感を覚えた。

筆者は2018年1月から2020年7月までの2年半、イギリス・ケンブリッジで過ごした。この2年半の生活の中でも、エリザベス女王に関するエピソードは忘れることができないものとして筆者の心に刻まれている。2019年末に確認された新型コロナウイルスは瞬く間に広がり、世界中にパンデミックを引き起こした。イギリスも例外ではなく、2020年3月末に都市封鎖（ロックダウン）が行われ、観光客で賑わっていたケンブリッジの街は一瞬にしてゴーストタウンと化した。そのような中、エリザベス女王はコロナ禍と戦う英国民への励ましのビデオメッセージを作成し、ロックダウン開始直後の4月5日夜にBBCで報じられた。異国の地での異常事態で不安の中にあった筆者は、女王のメッセージを聞き、不安が和らいだのを覚えている。それと同時に、女王の国民に寄り添う姿と、力強いリーダーシップに感銘を受けた。

エリザベス女王の70年の在位期間中、緊急時に国民に発せられたメッセージは数回だったとのことで、その内の1回に現地で触れることができたことは筆者にとって忘れることができない経験である。本書の内容は客観的に書いたつもりであるが、筆者の思い入れが感じられる部分があるとすれば、この経験の影響が大きいと思う。

本書を執筆するにあたり、日本郵趣出版の平林健史元編集長、松永靖子、中野洋美両編集員には、本書の構想から図版の選択に至るまでご協力いただき、また、美しく格調高い本に仕上げていただき感謝をいたします。本書は、この3名との共著と言っても過言ではありません。株式会社英国海外郵趣の小西邦彦代表には、本書の構想、図版でご協力をいただきました。日本郵便の玉木明デザイナーには、イギリス切手のデザインについて話をさせていただき、本書のヒントをいただきました。

また、筆者がケンブリッジ在住中に親しくしていただいたケンブリッジ郵趣会のグレイム・ワイルド氏には、イギリス切手全般についてお教えいただきました。本書には、以上に書ききれなかった方々との会話にヒントをいただいた内容が多く散りばめられています。そんな筆者の宝物の数々が化学反応を起こし、結晶化した結果が本書です。そんな皆様に、この場を借りて感謝をしたいと思います。

2023年9月

著者記す

参考文献

Robert Hardman, "QUEEN OF OUR TIMES / THE TIME OF ELIZABETH II 1926–2022," Pan Macmillan (2023)
Alathea Fitzalan Howard, "The Winsor Diaries 1940–45," Hodder & Stoughton (paperback edition, 2021)
君塚直隆『中公新書 エリザベス女王 史上最長・最強のイギリス君主』中央公論社 (2020)
君塚直隆『中公新書 ヴィクトリア女王 大英帝国の"戦う女王"』中央公論社 (2007)
Douglas N. Muir, "A TIMELESS CLASSIC / THE EVOLUTION OF MACHIN'S ICON," The British Postal Museum & Archives (2007)
"GREAT BRITAIN SPECIALISED STAMP CATALOGUE / Queen Victoria," Volume 1–16th Edition, Stanley Gibbons (2011)
"GREAT BRITAIN SPECIALISED STAMP CATALOGUE / King Edward VII to King George VI," Volume 2–14th Edition, Stanley Gibbons (2015)
"GREAT BRITAIN SPECIALISED STAMP CATALOGUE / Queen Elizabeth II Pre-decimal Issues," Volume 3–13th Edition, Stanley Gibbons (2019)
"GREAT BRITAIN SPECIALISED STAMP CATALOGUE / Queen Elizabeth II Decimal Definitive Issues," Volume 4 Part 1–10th Edition, Stanley Gibbons (2010)
"GREAT BRITAIN SPECIALISED STAMP CATALOGUE / Queen Elizabeth II Decimal Definitive Issues," Volume 4 Part 2–10th Edition, Stanley Gibbons (2010)
渡邉みどり「ヨーロッパ王室の必須の趣味は？ オリンピックで銀メダリスト獲得の王族も」『婦人画報』(2013. 4)

参考Webサイト

Sean Coughlan, 'Queen's cause of death given as 'old age' on death certificate,' BBC NEWS
BBC NEWS JAPAN「英エリザベス女王が死去、一報が入った瞬間のBBC報道」
The Royal Household, 'Announcement of the death of The Queen,'
Gaumont British News, 'Princess Elizabeth named Colonel of the Grenadiers
BRITISH PARAMOUNT NEWSREEL (REUTERS), 'ROYAL: PRINCESS ELIZABETH REVIEWS GRENADIERS, REGIMENT OF WHICH SHE IS COLONEL
YouTube, 'Wiston Churchill and the Queen on VE day'
The Postal Museum Blog, 'The Wembley Stamp'
Jessica Sager, 'Queen Elizabeth and Prince Philip's Relationship: A Look Back,' People
Sky news, Elizabeth and Philip: A great love story and the Queen's 'strength and stay' through the years'
Laura Elston, 'The Queen fell in love with Philip at first sight as a teenager,' INDEPENDENT
Sally Bedell Smith, 'LOVE AND JAJESTY,' VANITYFAIE
ROYAL COLLECTION TRUST, 'EXIBITION / A ROYAL WEDDING'
Mayumi Nakamura「エリザベス女王が纏ったウエディングドレスにまつわる秘話。」VOGUE JAPAN
BBC News, 'Queen Elizabeth II and Princess Philip's wedding'
Toby Groom, 'The Coronation of Queen Elizabeth II,' Google Arts & Culture
ANN NEWS「【70年前】英女王 エリザベス２世の戴冠式 ２つの王冠 300万人の群衆 1953年【映像記録 news archive】
'List of Commonwealth visits made by Elizabeth II,' WIKIPEDIA
'Royal Visit of 1953–54,' NEW SEALAND HISTORY
Alison Wishart, 'The 1954 Royal Tour of Queen Elizabeth II,' State Library, New South Wales
Emily Catt, 'The 1954 royal tour,' National Archives of Australia
BBC NEWS, 'Obituary: Queen Elizabeth II'
John C., 'Royal Tour of the Commonwealth 1953–54,' Cambridge University Library Special Collections
'Princess Margaret, Countess of Snowdon,' WIKIPEDIA
'Charles III,' WIKIPEDIA
'Wedding of Prince Charles and Lady Diana Spencer,' WIKIPEDIA
'Queen Camilla,' WIKIPEDIA
'Ann, Princess Royal,' WIKIPEDIA
Emily Burack, 'The 1992 Windsor Castle Fire "Absolutely Devastated" Queen Elizabeth,' TOWN&COUNTRY
'Prince Andrew, Duke of York,' WIKIPEDIA
'Prince Edward, Duke of Edinburgh,' WIKIPEDIA
宮内庁「国賓・公賓など外国賓客(元首・王族)一覧表(昭和27年〜昭和63年)」
「アレクサンドラ(レディ・オギルヴィ)」ウィキペディア
「「ようこそマーガレット王女」No.819_1 中日ニュース」
NHKアーカイブス「エリザベス女王 来日」
日テレNEWS「【エリザベス女王を偲ぶ】日英の絆"女王のスピーチ"(1975年)」
ANN NEWS「【全行程】1975年 エリザベス女王来日 2kmのパレード 沿道の11万人に手を振り続け【映像記録 news archive】」
宮内庁「天皇・皇族の外国ご訪問一覧表(戦後)(昭和28年〜昭和63年)」
君塚直隆「エリザベス女王「唯一の訪日」昭和天皇との思い出」東洋経済 ONLINE

著者プロフィール

山田廉一（やまだ・れんいち）

理学博士。切手収集歴48年。日本普通切手、特に明治中期に使われた小判切手、および明治時代の消印を収集。2001年から1年間、米国カリフォルニアに在住した際にハワイ切手の収集を開始。2018年から2年半、英国ケンブリッジ在住中にイギリス切手、特にジョージ5世の時代の普通切手の収集を始める。
公益財団法人 日本郵趣協会 理事長／切手の博物館 鑑定士／世界郵趣連盟（FIP）切手展審査員／アジア郵趣連盟（FIAP）切手展審査員

主な著書

『日本切手カラーガイド』（（財）日本郵趣協会、共著）／『UPU小判・新小判 色調分類とその集め方（郵趣モノグラフ9）』（1999年、（財）日本郵趣協会、共著）／『日本郵便印ハンドブック』（2007年、（財）日本郵趣協会、編著）／『「日専」を読み解く 新小判切手』（2009年、日本郵趣出版）／『「日専」を読み解く UPU小判切手』（2011年、日本郵趣出版）／『ビジュアル日専 小判・菊切手編』（2020年、公益財団法人 日本郵趣協会、共著）／『ビジュアル日専 手彫切手編』（2023年、公益財団法人 日本郵趣協会、共著）／『ビジュアル日専 産業図案・動植物国宝切手編』（2023年、公益財団法人 日本郵趣協会、共著）／その他、『日本切手専門カタログ』小判切手担当、『日本普通切手専門カタログ』小判切手・郵便印担当、『郵趣研究』を中心に論文多数執筆

主な展覧会受賞歴

JAPEX1998「UPU小判」大金銀賞＋郵政大臣賞／JAPEX2005「UPU・新小判」チャンピオンクラス大金賞／全日展2014「Hawaii 1964 – 1899」金銀賞／Indonesia 2021（FIP）「Japan Definitives 1883 – 1892」大金銀賞／Hong Kong 2015（FIAP）「Japan Definitives 1883 – 1892」大金銀賞／全日展2022「Great Bridain 1934 – 36, King George V, Photogravure Issue」大金銀賞／全日展2023「Great Britain Definitives 1911 – 34」金賞＋グランプリ

切手ビジュアルヒストリー・シリーズ

エリザベス女王 切手に最も愛された96年の軌跡

2023年11月10日　第1版第1刷発行

著　　者　山田廉一
監　　修　小西邦彦
発　　行　株式会社 日本郵趣出版
〒171-0031 東京都豊島区目白1-4-23 切手の博物館4階
電話 03-5951-3317（代表）　FAX 03-5951-3327
発 売 元　株式会社 郵趣サービス社
〒168-8081（専用郵便番号）東京都杉並区上高井戸3-1-9
電話 03-3304-0111（代表）　FAX 03-3304-1770
【オンライン通販サイト】http://www.stamaga.net/
【外国切手専門ONLINE SHOP】https://stampmarket.biz/

制　　作　株式会社 日本郵趣出版
編　　集　平林健史・松永靖子
ブックデザイン　中野洋美
資料協力　アフロ／Getty Images／時事通信社／PPS通信社／wikipedia Commons
切手の博物館／国会図書館／原田昌幸／Graham Wylde
印刷・製本　シナノ印刷 株式会社

令和5年10月5日　郵模第3046号

ISBN978-4-88963-876-9
＊本書のデータは2023年11月現在のものです。